ちゃんと人とつきあいたい 2

ライフステージ別
50の実例でわかる

発達障害や人間関係に
悩む人のための
ソーシャルスキル・トレーニング

霜田 浩信
橋本 創一
三浦 巧也
堂山 亜希
熊谷 亮
渡邉 貴裕
尾高 邦生
田口 禎子
◉編著

エンパワメント研究所

はじめに

ちゃんと人とつきあうことに困難を抱える人は、決して自ら不適切に行動しようとしているわけではありません。本人は適切に行動したいと思っても結果的にうまく振る舞えないのです。その理由としては、本人が抱える特性によっていわゆるソーシャルスキルを自然に身につけにくいことがあるからです。加えて、ソーシャルスキルそのものを身につけたとしても、実際の対人トラブルや葛藤場面（つまずき場面）において、内面で起こるさまざまな感情をコントロールすることができずに情緒不安やフリーズなどを引き起こし、発揮すべきソーシャルスキルの基本行動スキルを適切に用いることができなくなってしまうことがあります。

社会性やソーシャルスキルの獲得や使用に困難を抱える人に対しては、ソーシャルスキルの基本行動スキル（たとえば、挨拶スキルや話すスキルなど）を教えるだけでなく、そのスキルの獲得や用いることが困難なために生じた葛藤やストレス場面におけるトラブルを解決するためのスキルを獲得する機会を提供することが必要となります。前書『ちゃんと人とつきあいたい』においては、実際の家庭・地域生活や学校場面を通してソーシャルスキルの知識や基本的行動スキルの獲得を目指したプログラムを紹介しました。本書『ちゃんと人とつきあいたい２』では葛藤やストレス場面において感情の処理を行い、対人トラブルを解決するためのスキルに特化したプログラムを紹介しています。

一方で、対人トラブルや葛藤場面は実際の社会的・対人的な場面であるため、専門的な病院や指導機関だけでなく、実際の家庭・地域生活や学校場面を通してトレーニングが可能であることが求められます。さらには、ソーシャルスキルに困難さがある人たちの身近にいる家族や教員が、その場で直接、指導できるようなマニュアルが必要です。そして、ソーシャルスキルは、各ライフステージ〈幼児期、児童期〈小学校低学年・高学年〉、思春期、青年期・成人期〉によって必要とされるスキルが異なってくるため、ライフステージに応じたプログラムが求められます。

それゆえに、本書では、以下を目指したプログラムとして構成しています。

①葛藤やストレス場面、対人トラブルの解決スキルに特化したプログラム

②家庭や学校でのトレーニングが可能なプログラム
③周囲の人から支援方法も含めたプログラム
④ライフステージに応じたプログラム
⑤生活習慣や人間関係につまずきを示している人たちへの指導も含めて活用できるプログラム

Ｃｈａｐｔｅｒ３では、基本的なソーシャルスキルの基本行動スキルへのロールプレイや予防的なプログラムではなく、そのスキルの獲得や用いることが困難なために生じる葛藤やストレス場面、または、発達障害児など支援の必要な人が抱える問題を解決するためのスキルを解説しています。

各ｃａｓｅの見方は次頁のようになっています。

最後に、本書作成に協力をいただいた方と本書を手に取られた方の豊かな生活を願います。

編著者代表　霜田浩信

２０１７年11月

各caseの見方

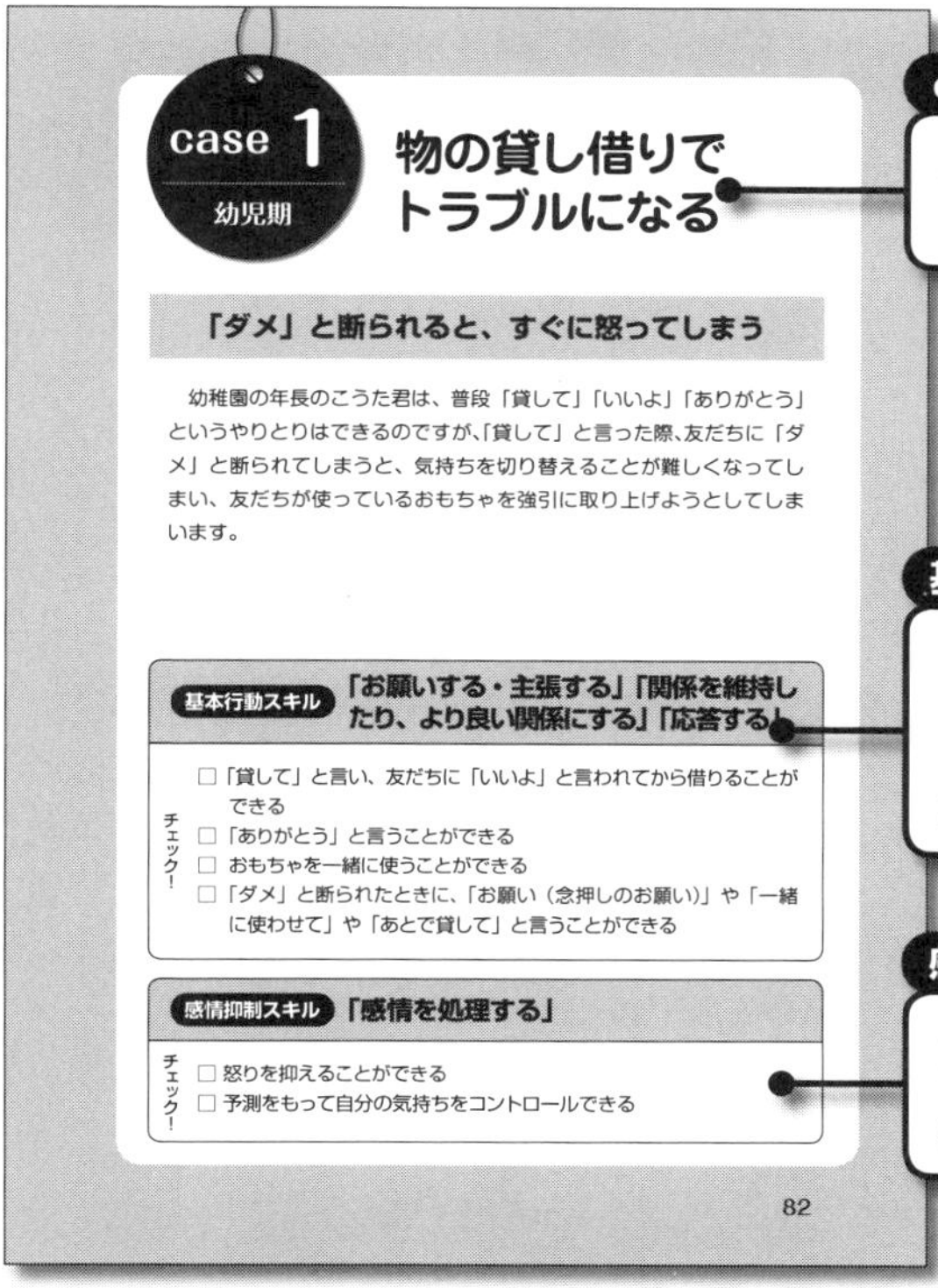
case 1 幼児期
物の貸し借りでトラブルになる

「ダメ」と断られると、すぐに怒ってしまう

幼稚園の年長のこうた君は、普段「貸して」「いいよ」「ありがとう」というやりとりはできるのですが、「貸して」と言った際、友だちに「ダメ」と断られてしまうと、気持ちを切り替えることが難しくなってしまい、友だちが使っているおもちゃを強引に取り上げようとしてしまいます。

基本行動スキル 「お願いする・主張する」「関係を維持したり、より良い関係にする」「応答する」

チェック！
□「貸して」と言い、友だちに「いいよ」と言われてから借りることができる
□「ありがとう」と言うことができる
□ おもちゃを一緒に使うことができる
□「ダメ」と断られたときに、「お願い（念押しのお願い）」や「一緒に使わせて」や「あとで貸して」と言うことができる

感情抑制スキル 「感情を処理する」

チェック！
□ 怒りを抑えることができる
□ 予測をもって自分の気持ちをコントロールできる

82

case
葛藤・ストレス・トラブルを示している様子

基本行動スキル
この葛藤・ストレス・トラブル場面で基礎的スキルと一緒に用いて、問題を解決するためのスキル

感情抑制スキル
この葛藤・ストレス・トラブル場面で必要となる基礎的なスキル

Point ポイント
上記の場面において葛藤・ストレス・トラブルが生じる要因と対応の原則

Try トライ
葛藤・ストレス・トラブルが生じている本人に対して、実際にどのように支援するか（ここでの支援者は基本的には、葛藤・ストレス・トラブルが生じている場面にいる大人（親、教員、支援員））

アドバイス
caseに応じた必要なアドバイス

なお、このChapter3はライフステージごとにプログラムを作成しています。子どものライフステージや様子に合わせて利用してください。

もくじ

Chapter 2　各ライフステージにおけるソーシャルスキルの課題

Chapter 3

各ライフステージに応じた葛藤・ストレス場面でのソーシャルスキル・トレーニング

・幼児期

・小学校低学年期

・小学校高学年期

・中学生期

・高校生・青年・成人期

Chapter 1

「ちゃんと人とつきあうってどういうこと？」

－社会性やソーシャルスキルとは何か－

1　社会性・ソーシャルスキルとは

●集団や社会的場面でのつまずき

子どもたちのなかには「約束やルールが守れない」「相手の話を聞かないまま自分の意見だけを言う」「素直に謝れない」「強引に自分の意を通してしまう」「自分の思いどおりにならなくてイライラし、人にあたる」などの集団場面や人とつきあう場面で適切に行動することに困難を抱える子どもがいます。つまり、ちゃんと人とつきあうことに困難を抱える子どもです。

このような子どもたちは「落ち着きがない子ども」「わがままな子ども」「しつけが不十分な子ども」などと見られがちです。しかし、集団場面や人とつきあう場面で適切に行動できない子どもたちには、行動の仕方、つまりソーシャルスキルを獲得していないことが原因で、そのように見えている場合があります。また、基本的なソーシャルスキルそのものは知識やスキルとして獲得していても、実際の場面において感情が乱れてしまったり、いつもと異なる状況になったりすることで、獲得しているソーシャルスキルの知識や技能を適切に使うことができなくなっている場合もあります。たとえば、落ち着いていれば適切に行動できても、友人からのひと言を「非難された」と勘違いして感情を乱してしまい、結果として、場面にそぐわない行動になってしまうのです。

●ソーシャルスキルとは

集団場面や人とつきあう場面において必要とされる行動を「ソーシャルスキル」といいます。「ソーシャル」には「社会的」や「対人的」といった意味があり、「スキル」は「技能」や「技術」といった意味があります。つまり、ソーシャルスキルとは、「社会の中で適切に行動したり、他者に適切にかかわったりするために必要とされる知識や技能」と捉えることができます。そして、このソーシャルスキルを獲得するために行われるのがソーシャルスキルトレーニング（ＳＳＴ）です。

ＳＳＴで扱われるソーシャルスキルはさまざまですが、社会的なルール・マナーの理解、対人関係スキル、会話・コミュニケーションスキルだけでなく、問題解決スキルや自分自身や他者の感情理解や処理といったスキルも含まれます（表1）。

●ソーシャルスキルの獲得

ソーシャルスキルとは、生まれながらにして人間に備わっている能力だけでなく、周囲から教えてもらったり、集団場面や人とのつきあいを通して身につけたりして自然に学ぶものです。「周囲から教えてもらう」こととしては、幼児期においては大人とのかかわりを通して、児童期になると友だちとのかかわりを通して、適切な行動を学んでいくことです。たとえば、近所の人に会ったときに、挨拶をしないままでいたならば、「挨拶は？」と親から促してもらったり、教えてもらったりすることで適切な行動を学んでいきます。あるいは食事前に「お菓子食べたい！」と要求した際に、大人から「ご飯を食べてからお菓子食べようね」「あともう少しでご

表1　SSTで扱われるソーシャルスキル

●社会的ルール・マナーの理解、集団参加、対人関係スキル 社会・集団ルールやマナーの理解、ルール・マナー・時間を守る、順番を守る、協力する、助ける、役割を遂行する、お礼を述べる、敬意を表す、ねぎらう
●会話・コミュニケーションスキル 他者の話を聞く、自分の意見を言う、説明する、質問等に応じる、報告する、挨拶する、自己紹介する、会話を開始・維持・終わらせる
●問題解決スキル 依頼する、適切に要求する、誘う、断る、交渉する、質問する、報告する、相談する、助けを求める、謝る、選ぶ、決める、計画立案・実行する、折り合いをつける
●感情の理解と対処スキル 自己理解（好き嫌い、得意不得意を知る）、他者の感情の理解、共感性（他者との感情の共有）、自己の感情表現、適切な気持ちの切換え、ストレス対処

霜田浩信（2015）「発達障害児のＳＳＴソーシャルスキルトレーニング」改変
日本発達障害学会（監修）・日本発達障害学会50周年記念事業編集委員会（編集）キーワードで読む発達障害研究と実践のための医学診断／福祉サービス／特別支援教育／就労支援ー福祉・労働制度・脳科学的アプローチ　福村出版

飯食べ終わるよ」「やることを先にできるといいね」というかかわりを通して、活動の手順や感情を整えていく方法を学ぶことです。

また、「周囲の人から学ぶ」ことによって、ソーシャルスキルを自然に身につけていきます。つまり、周囲の人の振る舞いを見て、どのようなときにどのような行動をすればよいかを知り、自分が同じような立場になったときに、適切に行動することです。たとえば、遊びに誘われた友だちの「誘ってくれてありがとう。でも、今日は家族での予定があるからまた今度遊ぼうね！」という振る舞いを見て、じょうずな断り方を学んでいくことなどです。

さらには、「やりながら覚える」こともあります。人とかかわった結果、うまくいった場合にはその行動を次にも行おうと学習し、逆にうまくいかなかった場合には、次には別の行動をしようとすることです。

このように「周囲から教えてもらう」「周囲の人から学ぶ」「やりながら覚える」ことを通して、ソーシャルスキルの知識や技能を獲得していくと同時に、状況や場面に応じた用い方も学んでいくのです。それによって、ソーシャルスキルを用いる場面を認識し、獲得したスキルを用い、集団でうまく行動したり、人とうまくつきあったりするのです。

●ライフステージにおけるソーシャルスキル

幼児期、児童期、思春期といったライフステージにおいて、獲得するソーシャルスキルにどのような特徴があるかをみてみましょう。

幼児期は、ことばも増え、体の使い方や物の操作、理解力や判断力も伸びて成長著しい時期です。人との関係性では、それまでの特定の大人とのかかわりから、同年代の仲間との関係性に少しずつ広がっていく時期です。当然、大人との関係性のなかで学ぶことも多くありますが、同年代の仲間とのかかわりや遊びを通してソーシャルスキルを学ぶことが増えてきます。2～3歳くらいまでは仲間と同じ場所にいても、並行遊びといって一緒にその場を共有するだけの関係性で、かかわりのある遊びには発展しにくいのですが、3～4歳くらいになると、ままごとやごっこ遊びなど役割のある遊びや集団での遊びを行うようになり、そのかかわりのある遊びを通してソーシャルスキルを学んでいくようになります。大人との遊びでは、子どもの主張に合わせた遊びになるのに対して、この仲間との遊びのなかでは、お互いに自分の主張をすることになります。そこでぶつかり合い、ケンカもしますが、このケンカを通して、一方的な自分の主張だけでなく、じょうずな伝え方などさまざまなソーシャルスキルの基礎を学んでいくのです。

4～5歳くらいになると仲間とのかかわりや遊びにおいて、自分の主張だけでなく、自分のしたいことを他者にゆずってがまんをしたり、相手の意見を受け入れたりして遊んでいくようになります。次第に遊びのなかでルールを共有することができるようになり、ルールを理解して活動したり振る舞ったりするとともに、ルールに沿って自分の気持ちを整えていくことを学ぶことになります。

児童期になると小学校という環境において、学校の習慣やルールを守っていく、親以外の大人（先生）や友だちとのかかわりをうまく保っていくというように学校生活を通してソーシャルスキルを学ぶようになります。特に他者や状況に応じたソーシャルスキルの獲得や使用が可能になってきます。他者の理解については、幼児期の4～5歳にかけて他者の思考・感情・意図を認識するようになると言われています。児童期の小学校低学年期では、この他者の思考・感情・意図などの捉えがさらに進むとともに、高学年期にかけては、他者の性格や能力のような特性を捉えることが可能になっていきます。また、他者の行動の判断においては、結果のみに着目してその善悪を判断したり、状況を表面的に捉えるのではなく、「物はこわしたけど、お手伝いをしようとしていたから仕方ない。わざとじゃないもの」というように、状況や他者感情・意図を捉えたうえで行動の判断をしていくことが可能になってきます。このような状況や他者理解の発達に基づいてソーシャルスキルも獲得していくことになります。

さらには、仲間に受け入れてもらうこと、仲間と同じように行動することが、本人が行動する際の基準となっていきます。そして、実際に自分がとった行動が他者にどのように思われるだろうか、といった予測や自分の行動の振り返りが可能となり、そこから友だちとの関係をよりいっそう安定させるソーシャルスキルの獲得につながっていきます。

やがて、思春期から成人期にかけては、他者をより客観的に見られるようになります。それは自分自身について相対的で客観的な理解が可能となることでもあります。しかし、それを受け入れられない葛藤を抱えていくのが思春期です。そのような葛藤を抱えながらも、「自分のありようをそのまま受け入れる」ことを模索していくなかで、自分に生じている怒りや不安などといった感情を客観的に捉えたり、他者や周囲とのかかわりのなかで生じているストレスを客観的に捉えたりするようになっていきます。そこから感情の乱れやストレスの原因を考え解決するソーシャルスキルを身につけていくようになるのです。つまり、これまで獲得している基礎的なソーシャルスキルをより一層活用できるようになるのが、思春期から成人期にかけてなのです。

2 ちゃんと人とつきあうことに困難を抱える人

●ソーシャルスキル獲得と使用に支援の必要な人

社会性やソーシャルスキルの獲得あるいはその使用に困難を抱える「支援の必要な人たち」としては、発達障害をはじめとして、学校や社会にじょうずに適応できない人、家庭の不安定さのなかで生活をしている人などを含めてさまざまな人がいます。それらの人たちは決して、自ら不適切に行動しようとしているわけではありません。本人は適切に行動しようとしても結果的にうまく振る舞えないのです。

その理由として、一つは、本人が抱える特性によってソーシャルスキルを自然に身につけにくいからです。さらには、状況や他者理解（他者の感情や意図の理解）の困難さ、自身の感情コントロールの難しさによって、一度身につけたソーシャルスキルを適切に用いることができなくなってしまうからです。

●ソーシャルスキル獲得の困難さ

ソーシャルスキルは一般的には、親子、友人、社会とのかかわりのなかで、教えてもらったり、真似したり、さらには試行錯誤しながら自然に身につけていくものです。しかし、社会性やソーシャルスキルの獲得や使用に困難を抱える「支援の必要な人たち」は、「周囲から教えてもらう」「周囲の人から学ぶ」「やりながら覚える」だけでは、ソーシャルスキルの知識や技能を獲得していくことが困難なのです。

その困難さとしては、適切なソーシャルスキルを「周囲から教えてもらう」ことがあっても、その場かぎりになってしまい身につきにくいということです。それはスキルそのものの獲得の困難さだけでなく、そのスキルを用いる状況や他者の存在をふまえることが難しいことが関係しています。

その状況や他者理解の困難さは、「周囲の人から学ぶ」ことの困難さにもつながります。周囲の人が叱られていることは理解できても、なぜその場面で叱られているかの理由を捉えることが難しいと、そこからソーシャルスキルの獲得につなげることはできません。つまり、状況や他者感情・意図の理解をふまえたうえで、「周囲の人から学ぶ」ことにはつながりません。

さらには状況や他者理解が困難であると「やりながら覚える」ことが困難になります。本人の行動が集団や人に対して適切であったかどうかを捉え、かつそこからソーシャルスキルの獲得につなげるためには、周囲の状況や相手の気持ちを読んで理解していかなくてはなりません。しかし、この周囲の状況（場の雰囲気）を読んだり、相手の気持ちを読んだりすることに苦手さを抱えている場合には、自分の振る舞いに対して「叱られた」ということがわかっても、「なぜ望ましくないのか」「次にはどのようにすべきか」までは自然に学ぶことができません。そうすると集団での行動や人への行動を修正することができず、同じ失敗の繰り返しになってしまいます。

●ソーシャルスキル使用の困難さ ―状況や他者理解の困難さ、衝動性―

発達障害児者をはじめとする、ソーシャルスキルに関して「支援が必要な人たち」は、スキルの獲得のみならず、スキルを適切に使用することに困難を抱えることがあります。特に、状況や他者感情・意図の理解が苦手な人の場合には、仮に必要なソーシャルスキルを獲得していても、その場で求められている他者の言動に気づくことができず、必要なスキルを使用できなくなってしまいます。「困っている人がいたら助けてあげる」ことが大切だと理解していても、他者の困っていることが何かを判断できなければ適切な振る舞いにつながりません。それは、認知のゆがみによって「こうすべき」という思いが強いと他者への配慮がないまま強引にかかわってしまうことにもなります。

また、衝動性が強い人もソーシャルスキルの使用に困難を示すことがあります。衝動性の強い人の特性として、「わかっているけど行動してしまう」ことがあります。つまり、「何をすべきか」「何をしてはいけないか」とソーシャルスキルを知識としてわかっており、そのスキルを身につけていたとしても、目の前にやりたいことや気になることがあると後先のことを考えずに行動してしまい、結果として状況に応じたソーシャルスキルを使用できなくなってしまうのです。また、衝動性ゆえに他者の言動に興味・関心がある情報だけを取り入れしまい、その結果、情報を取りこぼすことになり、不適切な言動につながることもあります。これも獲得しているソーシャルスキルの使用を妨げることになります。

●ソーシャルスキル使用の困難さ ―感情のコントロールの難しさ―

一方で、ソーシャルスキルそのものは獲得できていても、実際の葛藤場面（つまずき場面）や対人トラブルの際にそのスキルを使えない場合があります。葛藤状況において、内面で起きるさまざまな感情をコントロールすることができずに情緒不安やフリーズなどを引き起こし、または外向面において発揮すべき基本行動スキルを行えなくなってしまう状況です。たとえば、授業中、発表した内容に対して友だちから「それ違うじゃん！」と指摘されたことに腹を立ててしまい、その友だちに殴りかかろうとするのは、冷静な感情であれば「そんな言い方やめてよね」と伝えることができますが、一度、感情が乱れてしまうことによって、獲得しているソーシャルスキルの適切な使用を阻害している状況です。

この葛藤場面における感情の乱れは、さまざまな要因によって生じると考えられます。ここでは、衝動性による感情の乱れ、状況や他者理解の困難さによる感情の乱れを考えてみましょう。

衝動性に起因する感情の乱れ

衝動性が強い人は「自分の思い通りにやりたい」という思いを強く抱えています。しかし、それは場合によっては状況にそぐわないことがあり、周囲からその思いを修正されることとなります。しかし、その修正のされ方が一方的であったり、強すぎたりすると本人は「自分の思いがかなわない」という思いだけを強く抱えてしまい、その結果、感情が乱れやすくなります。そして、その感情の乱れはソーシャルスキルを適切に使用することを阻害することになるのです。

思い込みによる混乱

状況や他者感情・意図を理解しにくいと、場面に応じた行動が苦手だったり、思い込みで行動したりすることになり、その結果、失敗することになります。しかし、本人としては、思い込みで行動しているため「自分は正しい」と思っていることが多く、本人は失敗した結果や周囲の対応に納得いかず感情が乱れやすくなります。さらにはそのような状況で「違うよ！」と指摘されると、その指摘そのもので「失敗した」「叱られた！」と感じてしまい、それは「いけないこと」として極端な捉え方をしてしまい、その結果、感情が乱れることにつながりやすくなります。

失敗の原因の捉えにくさ

状況や他者感情・意図の捉えが苦手であるため、失敗に至るプロセスがわからず、失敗の原因を捉えることが難しくなります。その結果、失敗の原因を「自分の責任」「他者の責任」などと根拠なく考えてしまいがちです。失敗の原因がわからないため、原因をとり除くことによる解決策を思いつくことができずに気持ちを切り替えることが困難で、感情が乱れていくことになります。

葛藤やストレス場面、対人トラブルの解決スキルに特化したプログラムの必要性

社会性やソーシャルスキルの獲得や使用に困難を抱える「支援の必要な人たち」に対しては、基本的なソーシャルスキル（たとえば、挨拶スキルや話すスキルなど）そのものへのロールプレイや予防的なプログラムではなく、そのスキルの獲得や用いることが困難なために生じる葛藤やストレス場面、または、発達障害児など支援の必要な人が抱える問題を解決するためのスキルを獲得する機会を提供することが必要となります。

たとえば、友だちとトラブルを起こした際の、「謝り方（基本的なスキルは「話すスキル」ですが、うまく謝罪したり・主張するための話すスキル）」と「感情制御のスキル（基本的には、「感情を抑えるスキル」ですが、うまく怒りや不安を処理するための感情を抑えるスキル）」の両スキルを同時に使用

できるといった具合に、解決に導くための発展的なスキルを獲得していくためのトレーニングが求められます（図1）。

本書では、こうした葛藤や対人トラブルの状況（つまずき場面）における感情抑制スキルを獲得する練習を行い、そのうえで、葛藤場面や対人トラブル場面で基本行動スキルを適切に使えるようにトレーニングするプログラムを目指します。

図1　トラブル解消スキル

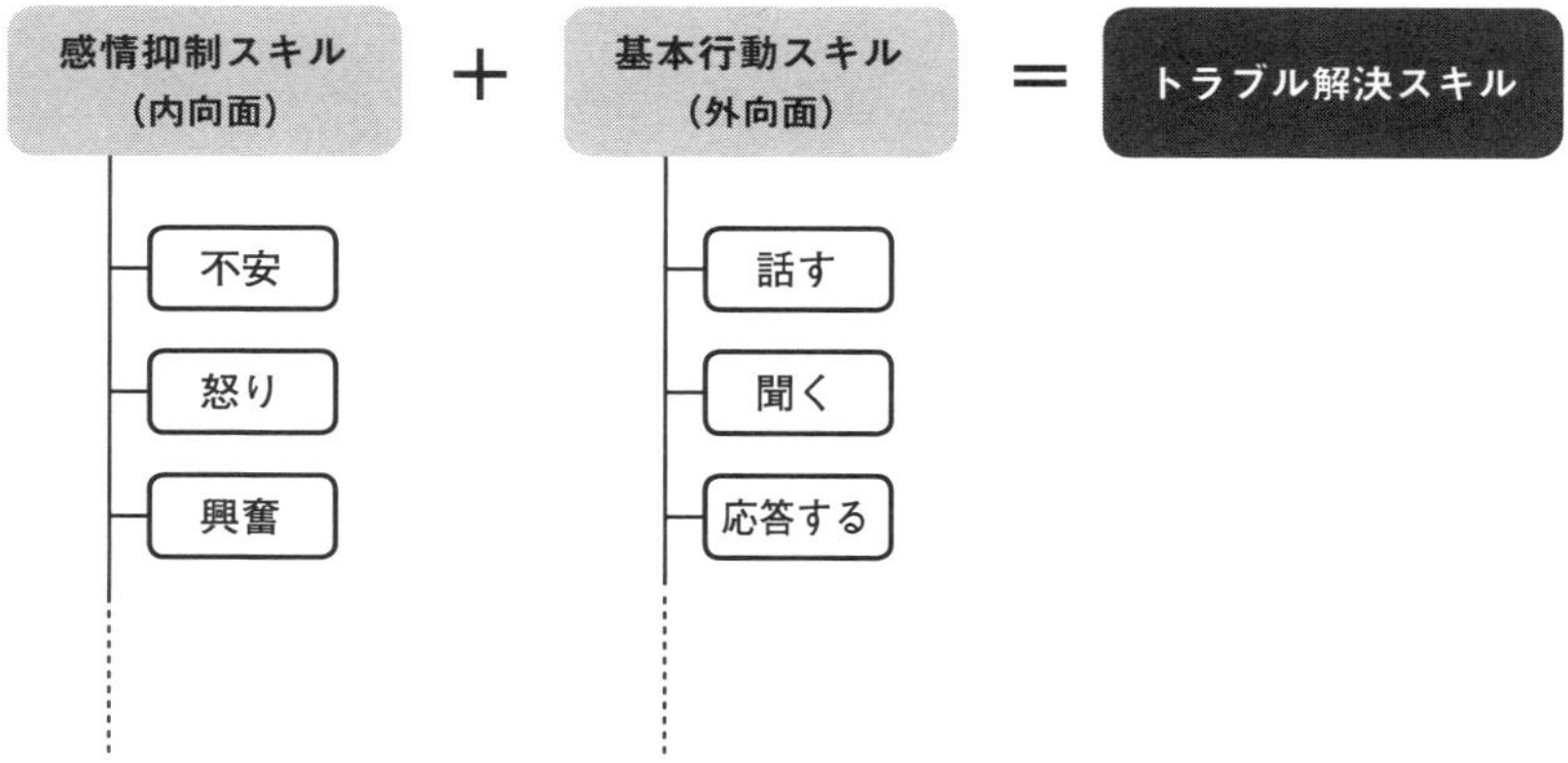

3 社会性を育むソーシャルスキル・トレーニング（SST）

SSTは、専門指導機関に通わなくても、幼稚園や学校、家庭、職場などあらゆる場で、本人と保育者・教師・家族・支援者などとともに実践することができます。子どもや困っている人の理解（アセスメント）が適切になされ、対象者に必要なソーシャルスキルを特定し、その獲得に向けた工夫（環境設定や習得しやすい指導など）が展開されることが重要です。そこでは、本人をはじめ、指導者の資質や立場などにかかわらず、誰もが実践者・指導者になることができます。

●実践の手続き

SSTは、モデリングやロールプレイングなどを行うことで行動スキルのパターンを身につけます。

手続きとして、基本的には以下に示す4つの過程（要素）を実践します。

（1）**教示**（やるべきことをことばで説明・指示して教える）

ことばのみではわかりづらいので、対象者の言語理解力に応じて、写真や絵、シンボル、手順などを提示しながら、視覚的な支援や見通しをもたせるサポートを展開します。

（2）**モデリング**（望ましい見本を提示する）

読み取りが難しい対象者には、どこを見れば（模倣すれば）よいかを具体的に教示します。

（3）**行動リハーサル**（ロールプレイングや劇遊びなどで練習する）

遊びやゲームの中で練習したり、ワークシートを用いて確認しながら、何度もリハーサルを行います。

（4）**フィードバック**（適切な行動を強化・修正する）

対象者の行動がよかったたか、もう少し修正したほうがよいのかを振り返り評価します（指導者だけでなく、対象者自身も含めて）。また、どんな場面においても実践できるために、本人を取り巻く環境への働きかけも考えていきます。

このなかで、特に、重要なのは（2）モデリング、（3）行動リハーサルの2つです。指導者が、ていねいにわかりやすく見本を示したり演じてみせるロールプレイングの場面設定をして、実際的に練習していくことがポイントとなります。また、発達障害などによるつまずきが著しい場合は、トラブルの起こりそうな場面を予測し、それに近い状況をロールプレイングのなかで再現したり、適切な振る舞いについて具体的に教示していきます（たとえば、「気持ちを落ち着ける」「がまんします」と言えるようにロールプレイングなどで練習する）。そして、実際の場面でできるようにするために、「うまくできたと思う？」「どこを直せばよいと思う？」などの質問をしながら、本人自身がうまくできたかできなかったかを認識できる振り返り（自己評価）を行います。

●実践するための計画書&振り返りシート（評価）

問題行動の改善やトラブルの回避に向けたＳＳＴを展開する際には、指導計画書（サポートするためのプラン）を作成することが望ましいでしょう。たとえば、他者との言動が自分の思いと食い違った場合に急に怒り出してしまう子どもの場合、①その行為による周囲の反応を書き出す（友だちや周囲は、とても嫌がったり怖がったりしていることを本人に理解してもらう）、②どうして怒ってしまうのかを本人と考えながら書き出す（たとえば、相手の言動を勘違いしている／相手の言動が自分の思いと大きく食い違っているから／からかわれたりするとがまんできないなど）、③本人が取り組めるスキルを特定して練習する（友だちから離れた場所に行く／心の中で10数えるなどのクールダウンをする、「先生、助けて」「どうして○○したの？」と相手に尋ねたりする）、④周囲ができることを考えて実践する（周囲の友だちや先生に対して、カッとなったらそれ以上は何も言わない／質問されたらやさしく対応してあげるように事前に説明しておいたり、きちんと言えたり、クールダウンできたときは即座にほめる）」の4つを事前に確認しておきます。

SSTの実践評価は、ターゲットとしたソーシャルスキルが形成されたかどうかではなく、広く日常の生活や家庭・学校などの場面で「場面・状況にふさわしい行動が増えたか」「他者とうまくコミュニケーションできているか」「危険やトラブルを回避することが増えたか」などの変化がみられたかを評価することになります。本人と家族、指導者などが、○できる、△時々できる、×できないなどの振り返り（評価）を、シート（日付や場面が記載された表など）につけていきます。

●「ちゃんと人とつきあいたい」場面とスキル

葛藤場面（トラブル）に出会ったとき、その解決にいたる過程において求められるスキルを整理したものが図2です。ソーシャルスキルといえば、社会的な行動である基本行動スキル（自己表現スキル）が注目されがちです。いわゆる、表面に現れる外的な行動を訓練することに重きがおかれます。しかし、社会的な場面でつまずきを示す人や発達障害者は、他者や周囲からのさまざまな言動や状況など（刺激）

を、自身のもつ特性で感情の高ぶりを認識できなかったり、状況把握がうまくできず他者の感情に気づかなかったりします。そして、こうした感情への対処として、感情を抑制するという処理を行います。この感情面の処理・操作（感情抑制スキルの遂行）に困難を抱える人が著しく多いことが指摘されています。したがって、内的な面（感情）において行われる「感情の認知（入力段階）」→「感情の処理抑制（処理・操作段階）」と、それに続いて外的な面（行動）における→「表現（表現・出力段階）」があります。この内面の二つの過程と外面の一つの過程において、各々で遂行すべきスキルを、場面や状況に応じて特定し、同時に対象者が、どの過程でのつまずきが大きく、どのスキルが不十分かを本人や周囲などとともに探していく作業が必要となります。

図２　葛藤場面（トラブル）から解決するまでのプロセス

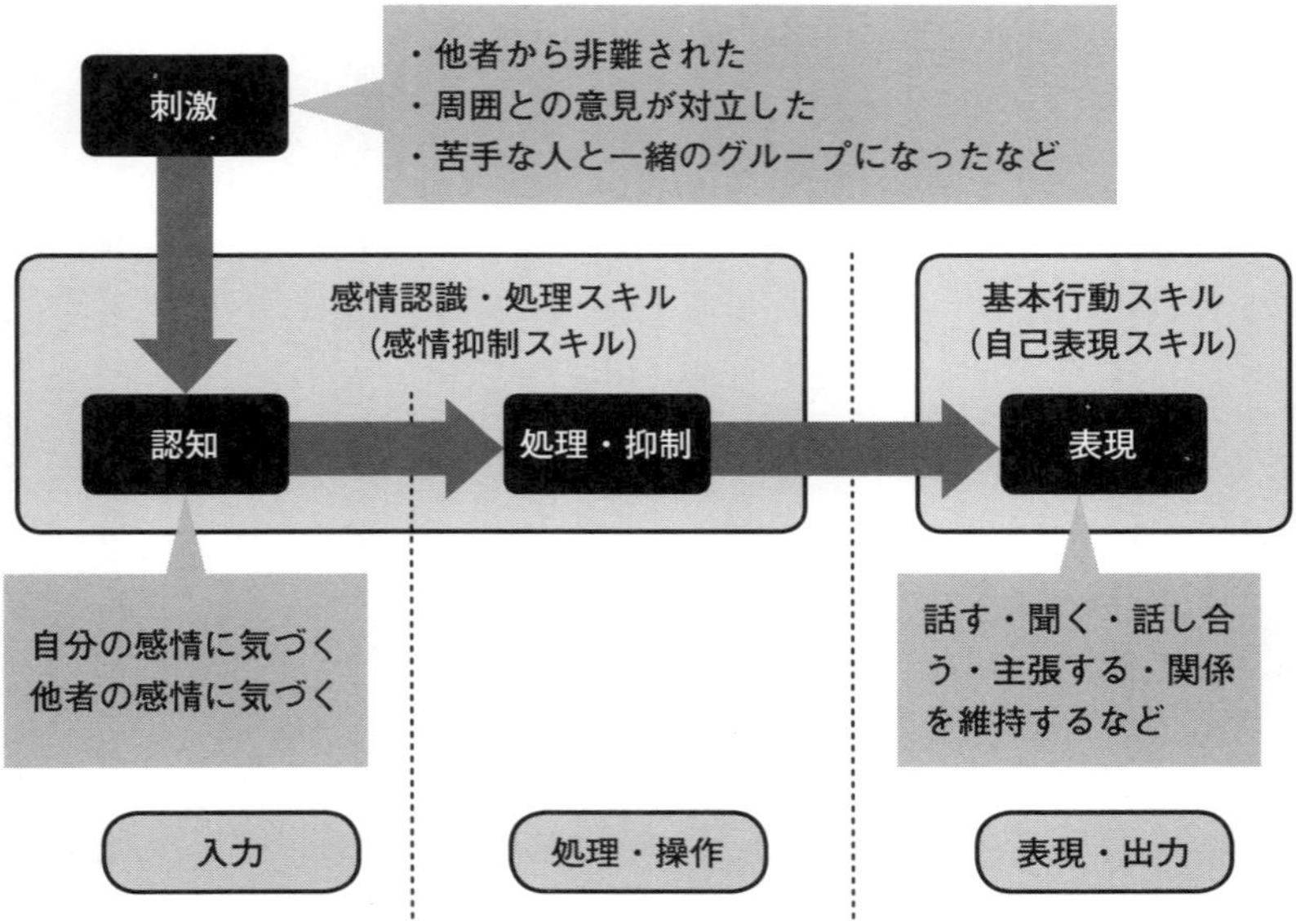

SSTの実践効果

ＳＳＴの効果には、直接的効果と間接的効果があります。ターゲットとしたソーシャルスキルの使用や般化を見ていくのが直接的効果です。一方、自尊感情や自己効力感、生活満足度などへの影響や反映を見ていく視点が間接的効果です。ＳＳＴは、場面や状況に応じて、適切な振る舞いや行動を実践できるようになることが第一義的であり、その結果、自分の特性を認識し自身を愛おしい存在と感じることができ、生活に満足感が持てることが最終的な目的です。したがって、ＳＳＴの実践のなかでうまくできなくても、少しずつ周囲の励ましで本人に変化が生まれ、自身のことを徐々に受け入れたり、生活に満足できることが増えていけば、訓練は成功したといえるのです。

Chapter

2

各ライフステージにおけるソーシャルスキルの課題

1　幼児期におけるソーシャルスキルの課題

幼児期には、幼稚園や保育所に通ったり、クラスサイズが大きくなったりすることで、これまでの養育者や保護者など特定の大人との二者関係から、集団生活での活動が求められるようになります。幼児期は乳児期に比べ、子ども同士の遊びがさかんになり、友だちとやりとりしながら遊びが展開されるようになります。そのなかで、仲間への入り方やおもちゃの貸し借り、順番を守るなどといった遊びのルールなど、基本的な人とのかかわり方を学んでいきます。養育者や保護者などの大人は子どもの意図をくみ取って合わせていますが、子ども同士では伝える能力が十分でない同年代の子どもの意図をくみ取ったり、反対に自分の意図を伝えたりといったことは容易ではありません。したがって、ときに子ども同士の衝突が生じ、そこで悔しい、悲しいなどのさまざまな感情を経験します。そのさまざまな感情を大人に寄り添われながら、適切に表現したり処理したりすることを身につけ、人との適切なかかわり方を学んでいきます。

特に幼児期には、気持ちを表現することや生じた感情を適切に処理することが難しく、さまざまな葛藤場面において過剰に反応してしまい、逸脱した行動をとってしまったり、逆に硬直状態になってしまったりするなど、感情のコントロールの困難さが行動上の問題につながる子どもがいます。こうした子どもは、わがまま、頑固などとみなされ、叱られることが増えてしまい、失敗経験ばかりが積み重なってしまう可能性があります。このような子どもの行動の背景を理解し、子どもの状況に合わせた適切な支援を行うことで、人とのかかわりに必要なスキルの土台を築いていくことが重要です。

●遊び場面で見られるつまずき

幼稚園や保育園、地域で友だちと遊ぶ場面では、どのようなつまずきが見られるでしょうか。たとえば、遊びにじょうずに入れない、遊びが続かない、おもちゃの貸し借りがじょうずにできない、友だちとのかかわり方がうまくいかない……などが、幼児期の子どもがつまずく場面としてよくあげられます。

①遊びにじょうずに入れない

遊びに加わるときには、まず「入れて」などのお願いをすることばを理解していることが必要です。

しかし、「入れて」などのことばは知っているのに、なかなか言い出せずに友だちが遊んでいるまわりをウロウロしたり、突然遊びに乱入してしまう子どもがいます。そのような場合には、次のようなことが背景として考えられます。

・緊張や不安を抑えられず、混乱してことばが出なくなったり、衝動的な行動をとってしまう
・誰にどのタイミングで声をかけるかという状況を見極めることができない

②遊びが続かない／ルールを守って遊べない

幼児期は、順番やルールという概念をゼロから少しずつ理解し身につけていく時期です。そのような時期に順番やルールについて理解できているのにもかかわらず、順番を待てずに横入りしたり、次の友だちと交代できなかったり、ルールを破ってしまいトラブルが絶えず、友だちとの遊びを続けられない子どもがいます。また、勝つことにこだわってしまい、負けそうになるとゲームをめちゃくちゃにして台無しにしてしまったり、負けを認めようとせず言い訳ばかりしてトラブルになってしまう子どもがいます。

・興奮すると気持ちのコントロールが難しい
・勝つことへのこだわりが強く、負けを受け入れられない
・気持ちをことばで表現することが苦手

③おもちゃの貸し借りができない

おもちゃの貸し借りは、幼児期に身につけたい基本的なやりとりの一つですが、その短いやりとりにもさまざまな力が求められます。まずは、おもちゃを人が使っているという状況を理解していること、「貸して」と言えること、「いいよ」と言われるまで待つこと、「ダメ」と言われたらがまんすることなどの力が必要です。こういった基本的な力は身についているのに、しばしばトラブルになってしまう場合もあります。

・「貸して」など、物を借りるときのことばを適切なタイミングで言えない（↓状況を見極める力が不足している）
・「ダメ」と言われる場合があることを予測できない
・「ダメ」と言われると、もう二度と使えないという強い不安を感じてしまう

④友だちとのかかわり方がうまくいかずトラブルになってしまう

友だちと仲よくしたくて一方的に話しかけたり、自分の興味のある話ばかりをしてしまう子どももいます。また、特定の子に執拗にかかわろうとして相手が嫌がっていることに気づかないという子どももいます。友だちと適切にかかわるには、適度に相手の話を聞き、それに合わせた応答をしたり、相手の

様子や表情に注意を向け相手の反応によって行動を調整したりする力が求められます。友だちと仲よくしたい、かかわりたいという気持ちがあるのに、なかなかうまくいかない子どもの場合、次のようなことが背景として考えられます。

・会話のルールを理解できず、相手の話を聞けない（自分の話をしたいという気持ちが先行してしまう）
・相手の表情を見たり、気持ちを推測したりすることができない
・気持ちのコントロールができない

●活動場面で見られるつまずき

幼稚園や保育園でのさまざまな活動場面では、活動に参加できない、全体指示が聞けない、問題が起こったときにうまく対処できない、困ったことがあっても誰にも言えない……などのつまずきが見られることがあります。ここでは、活動場面におけるつまずきについて、その背景とともに見ていくことにしましょう。

①活動に参加できない

新しい活動や次の活動が始まっても、なかなか活動に移ることができない子ども、はじめての活動や苦手な活動に取り組もうとしない子ども、無理に参加させようとするとかんしゃくを起こす子どもがいます。また、活動に参加できても、途中で投げ出してしまう子ども、活動から逸脱してしまう子どももいます。

活動に参加するには、話を聞く力、一定時間集中を持続させる力、周囲の状況に注意を向け状況を理解する力が必要ですが、これらの力を身につけていても活動に参加することが難しい場合、その背景には次のようなことが考えられます。

・切り替えが苦手で、今やっている行動をやめられない
・こだわりが強く、少しでも自分の決めたことからずれると受け入れられない
・不安が強く、慣れない場所や物を極端に怖がったり、はじめての活動に取り組めない
・見通しをもつことが苦手で、はじめての活動や場所に強く不安を感じてしまう
・過度に興奮が高まってしまい、行動をコントロールできない

②問題解決がうまくできない

活動のなかには、説明を聞いて一人で取り組む必要がある場合もあります。うまくできないときやわ

Chapter 2

からないときに先生やまわりの友だちに尋ねたり、助けを求めたりすることができず、泣いてしまう子、活動を投げ出して別のことを始めてしまう子、やることがわからず手持ちぶさたで周囲の邪魔を始める子などは、周囲にじょうずに助けを求められない子どもだといえます。また、人が好意で手伝ってくれたことを「邪魔された」「勝手に触られた」と感じ、友だちを押したり叩いたりして、トラブルになる子どももいます。継続して活動に取り組んだり、さまざまな活動に挑戦したりするには、困ったときに「手伝って」などお願いをするスキルをじょうずに使えることが重要です。

・適切に手伝いを求めたり、断ったりすることができない（不安を適切に表現することができない）
・うまくいかないときに、気持ちをコントロールできない
・こだわりが強く、自分の思ったとおりにならないとイライラしてしまう

●話す場面で見られるつまずき

幼稚園や保育園では、簡単な係活動やお遊戯会など、大勢の前で話をすることを求められる場面も出てきます。そのようなときに、緊張して固まってしまう子、とても小さい声でしか話せない子、ソワソワ、クネクネと体を動かしてしまう子どもがいます。大人と一対一ではじょうずに話すことができるのに、大勢の前になるとこうした行動をとってしまう背景として、次のようなことが考えられます。

・不安や緊張を感じやすい
・過度に興奮が高まってしまう
・テンションが上がりすぎて暴走してしまう

このような場面を回避するスキルは、どの子どもも失敗をしながら身につけていくものですが、配慮の必要な子どものなかには、失敗から学ぶことが苦手で、「失敗した」という強烈な記憶のみが残り、どうすればよかったのか、などを振り返り適切な行動を導き出す力が十分でない子どももいます。そういった子どもには、必要な行動のお手本を見せ、適切な行動を促して成功体験を積ませることが重要です。

2　小学校低学年期におけるソーシャルスキルの課題

小学校への入学は子どもの生活に大きな変化をもたらします。幼児期は、幼稚園・保育園での遊びや製作などの活動を中心として、友だちや先生との対人関係や集団でのルールを学んでいきます。しかし、小学校に入学すると、学級単位の集団での学習を中心とした生活に移行します。

幼稚園・保育園では先生の全体指示や個別の指示をきっかけとして遊びから活動へ移行するなど、こまめな声かけによって活動から次の活動への切り替えを行います。一方、小学校では始業・終業のチャイムや時計を手がかりに自分で判断し、時間割に沿った、その場面で求められる振る舞いをしていくことになります。たとえやりたいことの途中であったとしても、チャイムが鳴ったら自分の気持ちに折り合いをつけてその活動を終わらせなければなりません。

対人関係では、休み時間での自由遊び、給食の準備、掃除、係り活動など、友だちと一緒に協力しながら取り組む活動が増え、また、放課後には公園や学童保育、家といった場所で遊ぶなど、友だちだけで過ごす場面も多くなります。さらに、遊びの内容も幼稚園・保育園ではままごとや鬼ごっこといった簡単なルールのものであったのに対して、小学校低学年では、より複雑なルールの遊びになります。そのうえ、遊んでいくうちに新たなルールを追加し遊びを発展させていく場合もあります。

このように時間的にも内容的にも活動の幅が広がる一方で、友だちの気持ちを推し量ること、自分の気持ちにうまく折り合いをつけること、周囲の状況にうまく対応することが難しい子どもは、友だちとトラブルになったりうまく集団参加できなかったりすることがあります。そのようなときには自分の感情に気づいたり、感情をうまく処理したり、友だちの視点に立ってかかわったりする力が必要となります。

●学習場面で見られるつまずき

学級単位で行われる授業で必要とされるスキルとしてたとえば、先生の指示を理解する、決められた時間内は着席している、友だちと話し合う、みんなの前で発表するといったスキルが求められます。

しかし、学習場面では、次のようなつまずきを示す子どもがいます。

①授業中、そのときにやるべき活動に取り組まず、自分勝手なことをしてしまう

授業中に先生が作業の内容を指示しているにもかかわらず、教科書を机の上に出さずに読書や折り紙など自分の好きな活動に没頭したり、まわりの友だちに話しかけたりする子どもがいます。先生や周囲の友だちからは「わがままな子」として認識されてしまいがちです。しかし、一見性格的な問題と捉えてしまいがちな行動の背景には次のようなことが考えられます。

・気持ちの切り替えに時間がかかる
・その活動への苦手意識から失敗を恐れ、参加を拒否する
・やるべき内容がわからないため、自分の好きなことをやってしまう

このように授業に参加せず、自分勝手なことをするという行動でもさまざまな要因が考えられます。そのため行動の背景をふまえたかかわりが重要となります。気持ちの切り替えが難しく、やりたいという自分の気持ちをコントロールできない子どもに対しては、切り替える時間を長くとる必要があります。意欲的に取り組んでいて切り替えの難しそうな活動の際には、「あと5分でおしまいにするよ」と全体に対して終了時間を予告します。そして、切り替えることができたらほめてあげるようにします。その際、「今日は○分で切り替えられたね」と、時間を伝えることで、できるだけ早く切り替えるように意識させていくことも重要です。

自信がなく参加を拒否する子どもに対して、過度に参加を促すとさらに頑なに拒否をする一方で、先

生が働きかけないと参加しなくなっていきます。このような子どもに対しては、「自分もできるかも」と思えるように促すことが必要です。イメージすることが難しい子どもの場合には、友だちのあとに取り組むようにすることで活動内容の見通しをもたせるようにします。また、「問題が解けないかもしれない、解けないとイヤだ」というような不安の強い子どもの場合には、ヒントを多めに出すことで、「解けた、できた」という経験をさせることが重要です。このような成功体験を重ねることが子どもの自信となり、不安の軽減につながっていきます。

指示内容が理解できない子どもに対しては、個別の声かけができるように座席を一番前にする、手伝いをしてくれる友だちを隣の席にするといった環境調整が必要です。本人に対する働きかけとして、個別に活動内容を伝えるだけでなく、「隣の友だちは何をしているかな」と、わからなくなったときの対処方法を具体的に示すことも重要です。

●遊び場面・友だちとのかかわり場面で見られるつまずき

遊びや友だちとのかかわりでは、相手の気持ちを考えて自分の気持ちに折り合いをつけ、決められたルールを守ることが求められます。小学校低学年期の子どもたちは普段の生活の場面、つまり気持ちの落ち着いている場面では言動や表情から相手の気持ちを推し量りながらのやりとりや自分の主張が通るように交渉することができるようになってきます。しかし、興奮しているときや気持ちが高ぶっているときに自分の気持ちを抑えることが難しく、ルールを守れなかったり一方的な主張をしたり暴力的な言動がみられたりする子どもがいます。

①自分の意見を主張し続ける

学級全体での話し合いで決めたことに納得できず、自分の意見を主張し続ける子どもがいます。まわりの子どもたちからは「クラスのみんなで決めたことなのにどうして？」と受け入れられず、本人は「自分の意見が通らなかった」と被害者的に捉えてしまいます。

その一方で、学級や遊びのルールに忠実で、友だちがルールを守らないときには過剰なほど厳しい口調でとがめる子どももいます。ルールを守ることはもちろん大切ですが、ときには例外もあるということを理解することも重要です。また、必要以上に批判すると、その後の友だち関係にも影響を及ぼしてしまいます。

こうした行動の背景には、次のようなことが考えられます。

・自分の気持ちが先行してしまい、決められているルールを受け入れることが難しい
・柔軟性が乏しく、状況に応じて対応することが難しい

気持ちが高ぶって自分の意見を主張し続ける子どものなかには、時間が経って落ち着くとそれまでの

自分の言動を振り返ることができることがあります。ヒートアップしたときのことを思い出せたことをほめつつ、興奮しないための対処方法などを話し合うとよいでしょう。柔軟性が乏しく、状況に応じた対応が難しい場合には、そのつど説明をしていき、具体的な状況ごとのルールを教えていくことが大切です。また、友だちに注意をする際には、「○○って言おうね」と具体的に表現方法を伝えていくことが必要です。

小学校低学年期の子どもは、目の前の問題に自分で対処する、あるいは自分の感情に気づき、適切に処理することができるようになっています。子どもに解決策を提示するだけでなく、問題に対するアプローチの方法を教えるようにしましょう。

Chapter 2

3 小学校高学年期におけるソーシャルスキルの課題

小学校高学年期は、「二次性徴」の影響で、男子は声変わりや精通、女子は初経や乳房の発達など、体が急激に変化する時期です。一方で、自我が芽生えて自分の意思が強くなるなど、心にも急激な変化が起こります。子どもたちはこうした自分自身の体や心の変化にとまどいや不安、苛立ちを抱えることがあります。また、不安定な自分を他者に知られたくないという心理が働くことから無性にイライラし、その結果周囲の大人や友だちに当たってしまうことが起こりやすくなります。自分自身の個性に対しても意識が高まっていくので、それを他者から否定されたりすることへの抵抗感もこれまで以上に強くなります。

特に小学校高学年期の子どもたちは、生活空間の広がりによって家庭とは違う世界を見聞きするようになり、親がすべてと思っていた幼少期から脱皮し、自分なりの価値観を築いてく過程にあるといえます。そのため親から言われた些細なことに対して強く反発するといった、いわゆる反抗期もこの年齢段階で見られるようになります。こうした心身の成長発達を原因とする不安や怒りに加え、発達障害や人間関係につまずきのある子どもはさらにさまざまな場面において葛藤やストレスを抱え、感情を乱し、周囲とのトラブルを起こしていくことが予想されます。学校や家庭・地域生活を送るためには、たとえば、挨拶スキルや話すスキルなど、さまざまなソーシャルスキルが求められます。感情をじょうずにコントロールすることができるようになることは、ソーシャルスキルを発揮していくうえでも重要な要素です。

では、小学校高学年期は学習場面や生活場面でどのようなソーシャルスキルの課題が求められるのかについて見ていきます。小学校高学年になると、すでに学級や学校での集団に適応するスキルは獲得しています。地域社会では、他人に教えられることなく自分で適切な判断をし、行動できるようにもなります。対人関係については、小学校高学年になると低学年のときとは異なり、気の合う仲間とのグループが形成されてきます。そこでは気の合う仲間関係を維持し、協力関係を築いていくというスキルが求められます。そして、同じ価値観を共有でき、ときにはグループ独自のルールを守りつつ、仲間関係のなかで自らの位置を見極める判断能力が必要となってきます。このような仲間関係を築いていくためには、自分の意見を述べるだけでなく、他者の感情や意図を正確に理解し、相手の立場や第三者的な立場から自分の考えを見つめなおす力が必要です。

次に、学習場面や生活場面ではどのようなつまずきが生じるのかについて、学校生活や他者とのかかわり場面といった具体的な例をもとに見ていきたいと思います。合わせて、それぞれの場面において感情のコントロールがうまくいかないことにより生じる課題とその解決策についてもふれていきます。

学校生活では小学校高学年になると、低学年の見本になるような役割が期待されてきます。たとえば全校集会や運動会、学芸会といった学校行事では上級生がリーダーを務めることなどがその典型例です。つまずきの例としては、高学年にもかかわらず上級生としてお手本を示すことができないばかりか、ルールを無視した自分勝手な行動をとってしまうなどといった状況があげられます。小学校高学年になるとルールの理解はできるので、こうした行動の背景には次のようなことが考えられます。

・人前で感情が高ぶり冷静に行動できない
・人前で話したり行動したりすることに過剰に緊張する
・高学年という周囲からの役割の期待がプレッシャーになっている
・緊張を不適切な行動で表現してしまう
・求められている課題のレベルが高すぎる

小学校低学年、中学年までは人前に立つといってもせいぜい学級集団ほどの人数だったのが、小学校高学年になるとより一層大きな集団の中で、周囲の期待や自分の役割といった責任感をもって行動することが求められるようになります。その際に、緊張に対処するための方法（たとえば、深呼吸をしたり、数を数えたり、心が落ち着くフレーズを唱えるなど）を知識として学び、それを実際の場面の中で繰り返し練習することで、そのレパートリーを増やしていき、適度な緊張感を保ちながら人前でも落ち着いて物事に取り組めるようになります。結果として、不適切な行動の軽減にもつながります。また、自分の能力以上のことを求められれば誰しも不安を感じます。その意味では、自分を知るということも、こうした課題を解決していくうえで重要な側面のひとつです。

他者とのかかわり場面では小学校高学年になると、ゆずれない価値観や信条があったとしても、その許容範囲を広げることで仲間関係を維持しようと努力できるようになります。また、自分に向けられた他者からの心ない言動や行動についても、たとえ「悲しい」「つらい」「寂しい」といった感情をもったとしても、少々のことであれば、それを受け入れたり聞き流したりしながらその場をやり過ごすことも覚えていきます。自分よりも年下の子どもが不適切な振る舞いをしてしまったとしても行動を修正してあげることが上級生としての役目となるでしょう。

ところがこうした場面でのつまずきの例としては、相手を受け入れたり、許したりすることができず、怒りを他者にぶつけてしまう、怒りが続いてしまう、必要以上に強く怒ってしまう、しょっちゅう怒ってしまうなどの状況があげられます。こうした行動の背景には次のようなことが考えられます。

・自分の中で「怒る」と「怒らない」の境界線が明確でない
・「怒る」と「怒らない」の間の許容範囲が狭い
・自分の中の怒りを認めたり、客観視したりすることができない

・怒りの表し方がわからない（怒らないで相手に伝える手段をもっていない）
・怒りをためこんでしまう
・自分の感情をうまく相手に伝えることができない
・相手に合わせた伝え方ができない

生活空間が広がれば広がるほど、人間関係も広がっていき、同時に自分以外の他者を認めなくてはならない状況も生まれてきます。怒る理由は理想と現実のギャップにあるとされ、自分の期待や理想が裏切られたときや、思い通りにならなかったときに生まれる感情が怒りとして現れます。怒ることは恥ずかしいことでも悪いことでもなく、大切なのは怒ることと怒らなくてもいいことを自分のなかで整理し、怒る場面ではきちんと怒り、怒る必要のない場合には怒らずに済ませることです。また「怒る」と「怒らない」の許容範囲を広げる努力をすることや、感情を相手にうまく伝える手段を学んでいくこと、周囲を意識し思いやりをもつことなどが人間関係を円滑に保つうえでの課題です。

一方で、自分の思いや感情を主張するだけでなく、必要に応じて謝罪やお礼を言えるようになることもこの時期に身につけていきたいスキルです。

4 中学校期におけるソーシャルスキルの課題

中学・高校生の心理社会的発達課題の一つに、アイデンティティの確立があります。アイデンティティの確立とは、自分の能力やおかれた状況・現実を冷静に直視し、受け入れていくこと、すなわち現実と折り合い・妥協することを意味しています。また、この時期の問題として、アイデンティティの確立に向かう作業には、必然的に葛藤が生じ、同時に、その葛藤を抱えもつだけの（自我の）強さも必要になってきます。自我の強さがない場合は、現実を無視した行動に出て失敗したり、何らかの不適応が生じることになるでしょう。自我の目覚めについては、もはや周囲との調和的一体感に生きることができなくなり、自分のなかでも葛藤や分裂が生まれ、生きることの難しさや、人間や社会の暗い面にも気づかざるをえなくなるといわれています。しかし、反面、自分から進んで状況に対決したり、自分の責任や運命を自覚して極めて主体的に生き抜く力が生じる時期でもあるとされています。

中学・高校生の自己（自我）の形成は、自己の客体化が可能になる時期であるとされています。客体的に自己評価できるようになることは、自尊感情を育み、より主体的な自己形成を促します。しかし一方で、他者との過度の比較や理想的自分像などの絶対化、非合理的な劣等感へのこだわりといった影の面も含みやすく、それが人知れない孤独感や無力感、容赦ない自己否定感、空想的な自我肥大、自己耽溺、身体への固執などをもたらし、ときには自殺などを引き起こす可能性が危惧されています。

特に、中学校期の生徒は不安や葛藤を抱えながらも、本人自身がそれらを十分に理解できず、援助を求めることが難しいという、非常に不安定で孤独な時期をむかえます。そして、友人関係については、中学校期が芽生えの時期であり、加えて、彼ら／彼女らは日常生活の忙しさの中で自分の身体的・精神的な変化と社会の枠組みとの間をうまく調整していかなくてはならない状況におかれているといえるでしょう。学校生活における中学生と高校生の比較では、自己への気づきは中学校期のほうが高校時代よりも顕著化されていないことが明らかとなっています。さらには、自律神経性愁訴と生活習慣との関連性は、高校生より中学生に多いことも示されています。中学校期は、日常生活をより豊かにしていくことが心身の健康には重要であることが指摘されています。

近年の児童生徒への教育実践研究に関する動向では、小学生を対象とした定型発達児への集団による支援が最も多いことが示されました。中学校期の生徒を対象とした論文数は少なく、支援ニーズに応じた実践数および支援体制に関する研究は散見される程度であることが明らかとなりました。また、さまざまな葛藤を抱えもつ強さが必要となる中学校期の生徒に対して、早期に彼らの支援ニーズを把握し、個々の特性に応じた支援を行っていくことは、生徒の抱えるさまざまな課題の改善と学校適応の向上につながるでしょう。

とりわけ、人とうまくかかわることに苦手さのある生徒や発達障害のある生徒は、思春期になると、他者と自分の違いに気づくことが指摘されています。その際に、彼ら／彼女らは他者と自分の違いには気づいても、違う理由が十分に理解できないために、自分自身をおかしいと感じてしまい、自分を自分で責めるようになる場合も少なくありません。自己否定感を強めることによって、不登校・抑うつなどの二次障害につながる危険性をはらんでいます。その理由として、彼ら／彼女らの中には、自分自身の得意・不得意に気づいていても、いつどのように適切な振る舞いとして行動すればよいのかを判断することが難しい生徒も存在しているからです。

そこで、人とうまくかかわることに苦手さのある生徒や発達障害のある（あるいはその可能性がある）生徒には、自分のよさや苦手さを客観的に把握することに加えて、得意な力を利用して日常生活における課題を改善・軽減していくことが重要です。これまでの教育実践では、生徒の特性をベースにした得意・不得意の確認作業や、直面している困難の関係性の説明および、それに基づく社会的スキルの支援があり、個々の特性に応じて支援内容を組み合わせて実施されてきました。結果として、彼ら／彼女らの特性であるこだわりの強さや知覚の異常に起因して引き起こされる周囲への過敏さと認知の歪み、現実検討能力の低さという問題のズレを認識することにより、生活上の困難が軽減されたことが示唆されました。このように、主として認知面のスキルと行動面のスキル、そして自己を振り返るスキルを生徒の実態に応じて組み合わせて支援することが、結果として生徒に自己肯定感の向上をもたらすといった実践報告がなされています。

認知面および行動面におけるスキルについては、これまでに数多くあげられていますが、どの場面でどんなスキルが発揮されるのがよいかを考える必要があります。中学校期の生徒にとっては、挨拶などの通常の場面で求められるスキルよりは、葛藤場面で感情を抑制したり、トラブルを回避・対処するスキルが求められています。そして、前記の教育実践が功を奏す十分な条件も考慮する必要があります。たとえば、対人関係面での支援において、認知面を重視したり葛藤場面を設定できるのは、中学生以降の年齢であったり、ある程度知的水準が高いことが必要条件になると考えられます。また、周囲の環境調整が円滑であることや、グループでの支援が適切なのか個別での支援が適切であるのか、実施可能なリソースがあるのかなどさまざまな要因や環境を綿密に調整することが求められます。

このように、人とうまくかかわることが苦手な生徒や発達障害のある（可能性のある）生徒に対する支援を導入する際は、こうした包括的な視点に立って取り組む必要があります。そして、その生徒のサポートを担う友人や保護者・教師を含めた総合的な支援プログラムが展開されることで、より多面的な支援につながっていきます。

5 高等学校、青年・成人期におけるソーシャルスキルの課題

●高等学校、青年・成人期における状況や環境の変化

義務教育を終えると、多くの人は個人の学力や希望する進路に応じて選択した進学先で引き続き教育を受けるか、あるいは働き始めることになります。ですからこの段階では、義務教育と異なりそれぞれの人がおかれる環境はじつにさまざまです。また、ソーシャルスキルの獲得や自己理解は、経験（学校や社会への適応、受けてきた教育など）の影響を少なからず受けるため、この段階ではスキルの獲得や自己理解の深まりに個人差が大きくなってきます。それまでは子どもとして保護され教育を受ける立場であった状態から、一人の社会人として自立した振る舞いや生活の仕方をすることを求められるようになるという点で、高等学校、青年・成人期における変化は非常に大きく、コミュニケーションのあり方

も大きく変わる時期です。

●高等学校・大学におけるソーシャルスキルの課題

高校生や大学生になると、中学校までの学級担任制の下での学習指導や生徒指導等のあり方は変化し、比較的制約の少ない自由な時間や、自分で判断して行動する機会が増えます。同時にこの時期はアイデンティティの獲得という発達課題に取り組む時期にあたり、「自分はどんな人間なのか」「人間関係のもち方や異性との関係」「将来どんな仕事についてどのように生活するのか」といった、自己の内面に向き合う作業が行われます。この作業は、現在、過去、未来の自分像を見渡し、周囲の人と自分を見比べ、自分がどうありたいのかを問いかけながら進みます。

この段階では、他者や自分の気持ちを把握することの困難さやコミュニケーションの苦手さがある場合、相手の気持ちを適切に理解できずに一方的なかかわりになってしまい、相手から受け入れられなかったり、失敗体験を重ね自分自身をポジティブに捉えられず立ち直れなくなるといったことが起きる可能性があります。この段階でのソーシャルスキルの獲得において重要なのは、「自分自身が大切にされるべき価値のある存在であると感じること」と同時に、「相手の意思や気持ちも同時に尊重し大切にしなければならないと知ること」だといえるでしょう。

①相手との関係性によるコミュニケーションスキル

相手への感情（たとえば好意や苦手意識）を、相手との関係性を考えずにそのまま伝えてしまうことは、ときに対人関係のトラブルを招きます。相手の表情や様子から、気持ちを正しく読み取ることは難しいことです。しかし、トラブルが起きてしまってからコミュニケーションの食い違いを修正したり、相手の気持ちと自分の気持ちをすり合わせたりすることはなかなか難しく、何とかしようとかかわり続けているうちに、相手からしつこいと思われてしまい、より関係がこじれてしまうかもしれません。客観的なアドバイスを受けられる第三者に相談し、相手との適切な関係のもち方について考えるとよいでしょう。

②自分を知り、必要なリソースにアクセスする

自身の判断でいろいろなことを決め、行動することができるようになる反面、その結果に責任をもたなくてはいけなくなります。具体的には、大学の授業に出席しなければ必要な単位が得られなくなる、単位が足りなければ卒業できなくなるといったように、自分でスケジュールを管理し課題をクリアする必要が出てきます。また、授業のスタイルも実験や演習など、積極的に参加することを求めるものも出てきます。このような変化に際し、見通しを立てて行動することやコミュニケーションに困難さがある人は、対処しきれなくなり思ったように学習が進められなくなることがあります。そのような場合には、まず、スケジュール帳やリマインダーを活用するなど、自分でできる工夫を考え、使ってみるとよいで

しょう。それだけでは不安なときには、学校のスタッフ（先生、カウンセラーなど）や学生相談室に相談し、サポートしてもらうのも有効です。

●職場におけるソーシャルスキルの課題

職場では学齢期よりもさらに多様な環境や人間関係の中で、就業生活を送ることになります。そのなかで、戸惑いや困ってしまうことが生じ、仕事に集中できなくなったり、仕事のやりがいを感じられなくなるということもあります。

仕事は直接的にも間接的にもいろいろな人と関係しあいながら進めていきます。その「人」との関係において課題が生じてしまい、退職につながってしまった例もあります。実際に知的障害のある人や発達障害のある人の離職の理由として「人間関係」があげられるケースがよくみられます。

また、仕事のやり方に課題があり、解決に時間がかかってしまうこともあるようです。適切なやり方を本人が見出すことが難しい場合があるので、具体的な方策を示したり、一緒にやってみることでスムーズにいくこともあります。

①相手や状況に合わせたコミュニケーションスキル

職場では異なる年齢の多様な立場にいる相手とのコミュニケーションが生じます。

たとえば、

・上司との関係、同僚との関係
・顧客、取引先との関係

といった学齢期とは異なる幅広い人間関係が生じてきます。

そのような相手とのコミュニケーションの方法や内容は「社会人」としてより高次なものが求められます。その際に相手の立場や状況に合わせたことばづかいや話題を用いることができないと、「場にそぐわない言動」ととられてしまいます。

たとえば、上司や顧客に対して友だちと話すときのようになれなれしく話しかけたり、乱暴なことばづかいをすることで、「失礼な人」と思われて、信頼を失うことにもつながってしまいます。

また、相手の状況を考えずに突然話しかけたり、自分本位の話し方になってしまうという人もいます。確認や謝罪の頻度が多すぎてあるいは少なすぎて周囲の人が困るということもあります。

このように相手の立場や状況に応じたコミュニケーションがうまくできなくて、職場で問題となるケースがあります。

②仕事の進め方

仕事は正確に、スムーズに進めることが大切です。その進め方について課題が見られることがあります。また、困ったことや失敗したときの対応がうまくいかないことも見られます。

たとえば、

・仕事のしめきりや期限を守ることができない
・複数の仕事について、優先順位を決めることができない
・作業終了時の見直し・確認ができない
・決められた手順で進めることができない
・失敗したことやアドバイスを受け入れることが難しい
・遅刻が多い。忘れ物がある

このような課題からまわりの人の評価が厳しくなり、自己肯定感が下がって、仕事そのものへの意欲も低下してしまうということにつながる場合もあります。

③社会人としての（職場での）身だしなみや振る舞い

職場では仕事内容に応じた身だしなみや振る舞いが求められます。また、職場に応じたルールやマナーもあります。これらは「その場所に合わせる」ということが大切になってきます。しかし、「その場」

とはどういう状況なのか把握することが難しい、また、どのように合わせてよいのかわからないという
ことが原因でその場にそぐわない言動をしてしまうことがあります。
たとえば、

・職場や仕事内容に合わせた服装や身だしなみ
・職場でのルールの順守
・通勤でのマナー
・物品や備品、道具・機械の扱い

特に振る舞いやマナーについては、文字やイラストで示されていることが少なく、「まわりを見て」合わせることを求められがちです。上司に確認したり、同僚にわかりやすく教えてもらい、それをメモなどに残しておくことが大切です。

●高校生の時期や青年・成人期に共通する課題

①家庭で見られる課題

家庭では親との関係や兄弟姉妹との関係において課題が見られることがあります。「身内」という関係性から適切な距離感をつかめず、甘えや極度の反抗として表れることがあります。学齢期と同じよう

な関係性を求めて、青年期・成人期としての関係の構築に時間がかかることもあるようです。たとえば、家庭内の役割の変化に戸惑い、その受け入れに時間を要することがあります。

学齢期とは異なる家庭内での立場を理解し、受け入れること、保護者もその受け入れ度合いを見ながら距離を調整していくことが大切になります。

②余暇・外出場面で見られる課題

高校生になったり社会人になると行動や活動の範囲が広がります。それに伴って多様な人と接する機会も増えます。そのなかで適切なかかわりや行動がうまくできずにトラブルになることもあります。

第三者との距離感がうまくつかめずに、疑うことなく相手を信じ込んでしまい、詐欺や悪徳商法に引っかかってしまうということもあるようです。その場での対応方法や家族や支援者に報告・相談することの必要性を伝えていくことが大切になってきます。

③異性との関係や恋愛での課題

青年期・成人期には恋愛感情が高まりを見せる時期になります。豊かな人生を送るうえでも適切な関係を保ちながら恋愛関係を築いていけたらと考えます。しかし、発達障害のある人の場合、適切なかかわりをもつことに困難が見られることがあります。

たとえば、

・しつこくつきまとってしまう

・相手の言動について一方的に解釈してしまい、過剰なかかわりをしてしまう

・時間的な流れに合わせた段階的なつき合いができない

自分の中でイメージが膨らんでしまい、制御が難しくなってしまうことや適切な距離感がつかめないことが要因であったりします。保護者やまわりの支援者が望ましい行動を具体的に伝えることが必要になってきます。その際、本人がオープンな気持ちで相談できる関係性を普段から築いていくことも大切です。

トピック

知的障害児者における ソーシャルスキルの獲得困難さ

知的障害とは「知的機能の発達に明らかな遅れと、適応行動の困難性を伴う状態が、発達期に起こるもの」（文部科学省、２０１３）ということができます。「知的機能」は、認知、記憶、言語、思考、学習、推理、想像、判断などが同年齢の平均的水準と比較し遅れているということを示しています。「適応行動」は、社会生活に必要な感覚・運動、自己統制、健康・安全、意思交換などに関する技能の獲得や行動に困難性があることを示しています。

以下に、知的障害のある子どもの学習上の特性をあげています。

・学習によって得た知識や技能が断片的になりやすく、実際の生活の場で応用されにくい

・成功経験が少ないことなどにより、主体的に活動に取り組む意欲が十分に育っていない

・実際的な生活経験が不足しがちである

このように、知的障害のある人は、知的機能の遅れから社会的な文脈を読み取ることに困難が見られたり、社会的な行動について学習することに困難や時間がかかり、その場にふさわしくない行動をしてしまったり、対人関係でのトラブルにつながってしまったりします。

具体的な要因として、

・まわりの様子を見て状況を理解し、それに応じた行動・振る舞いのポイントを見出すことが難しい
・生活経験、社会経験が十分でなく、なおかつそこから学習することについて、よりていねいな支援と時間が必要なことが多い。試行錯誤するチャンスも少ない
・経験が「失敗」に終わると、次の行動への意欲も低下してしまう
・指摘や指導の受け入れに時間がかかる
・改善にむけての気持ちの切り替えに時間がかかる

しかし、本人の生活する場面の環境を整えたり、まわりの支援を工夫することに

よって、その行動が変化していくことが考えられます。そうすることで、より生きやすくまた、自分のもっている能力を発揮できたりします。

たとえば、

・振る舞いのポイントを焦点化する、抽出する、具体化する

・繰り返して、実際に近い場面で練習する

・経験がなるべく「成功」するように、「一番はじめは○」となるように設定する

このような支援を通して、ライフステージに応じたソーシャルスキルを獲得する取り組みや習熟のステップを重ねていくことが大切です。これらの積み重ねにより、社会参加の度合いも変わってくると考えられます。

感情認識・処理スキル（感情抑制スキル）の一覧

※ Chapter2 で説明してきた各ライフステージにおけるソーシャルスキルの課題を一覧にしました。

具体的スキル	幼児	小学校低学年	小学校高学年	中学校	高校・青年・成人期
他者を知る	友だちが嫌がっているのがわかる	友だちが嫌がったらそれはやらない	友だちが嫌がることはしない	友だちが嫌がることに配慮してやりとりする	
	他者の動きを見て、やるべきことを知る	他者の動きを見て、同じように自分も行動する	まわりの動きを見て、判断しながら自分も行動する	まわりの動きから推測・判断しながら自分も行動する	まわりの動きから推測・判断し、自分に合った行動を選択する
	場のルールを守った行動や態度をとる（静かにする）	周囲の状況を見て行動する	周囲の雰囲気や状況を見て行動する	周囲の雰囲気や状況に応じて行動する	場の雰囲気を察知し、それに合うような態度をとる
	相手の言動や表情から怒り・哀しみなどに気づく	相手の表情の違いに気づく	相手の表情の違いに気づき、それに応じた行動をとる		
	相手の表情と感情（気持ち）がつながっていることを知る	相手の表情の違いから感情（気持ち）に気づく	表情から相手の感情を推し量る	ときには、外に表す言動や表情と内面の感情（気持ち）が違うことに気づく	相手の気持ちをさまざまな手がかりから察する
		相手の意見や考えを知る	他者の視点や考えに立てる	相手の視点を理解し、そのうえで自身の視点や考えと照合する	いろいろな人の立場や視点に自分が立って想像し理解する
			他者の怒りや悲しみに自発的に対応する	他者の怒りや悲しみに自分なりに対応する	他者の怒りや悲しみに配慮しながら対応する
				相手の主張的反応と攻撃的反応を区別する	相手の主張的反応と攻撃的反応を吟味して判断する
自分を知る		ケンカになりかけた場合に避けようと考える	ケンカを避けるように考える	他者とのトラブルを事前に避けるように考える	
			トラブルが生じた場合の解決策を考える	トラブルが生じた場合の可能な解決策をできるだけたくさん考える	トラブルの解決策として自分に最適なものや状況などに合ったものを考える

具体的スキル	幼児	小学校低学年	小学校高学年	中学校	高校・青年・成人期
自分を知る			トラブルの解決策を考えた場合、それは自分にできるかを推し量る	トラブルの解決策を考えた場合、そこから生じる結果について予想する	トラブルの解決策を考えた場合、そこから生じる結果を予想し臨機応変に修正する
		トラブルが生じた場合、自分で解決できるか、他者に手助けしてもらうかを判断する	トラブルが生じた場合、考えた解決方法から一つを選ぶ	トラブルが生じた場合、最も良い解決方法を選ぶ	トラブルが生じた場合、適切で効率的な解決方法を選ぶ
			トラブルが生じた場合、自分が用いた解決策は適切だったかを振り返る	トラブルが生じた場合、自分が用いた解決策がうまくいっているかモニターする	トラブルが生じた場合、自分が用いた解決策を評価したり、考え直す
	さまざまな場面で、イライラ、ワクワクなどの自身の感情を知る	イライラなどのストレスを感じている自分を知る	自分のイライラを生じさせているストレッサーを知る	自身のストレスに対処する	自身のストレスに状況に合わせて適切に対処する
感情を処理する	(話や指示を聞くべき場合など)行っていた活動を中断する	(話や指示を聞くべき場合など)行っていた活動を中断し話を聞く	(話や指示を聞くべき場合など)どんなに先にやりたいことがあっても、行っていた活動を中断する	(話や指示を聞くべき場合など)どんなに先にやりたいことがあっても、行っていた活動を中断し話を聞く	どんなに先にやりたいことがあっても、他者から働きかけられたら、活動を中断して対処する
		会話や話し合いなどで、話したい気持ちをがまんして、自分の話す順番を待てる	会話や話し合いなどで、話したい気持ちをがまんして、相手の話を聞くことができる	会話や話し合いなどで、話したい気持ちをがまんして、表情や態度に出さずに、相手の話を聞ける	会話や話し合いなどで、話したい気持ちを冷静に処理し、他者の話を聞ける
		相手に断られたとき、不快な感情を抑えられる(しつこく迫らない)	相手に断られたとき、不快な感情を処理して不満を表明しない(表面上は親和的に振る舞える)	相手に断られたとき、あらかじめ想定しておき、不快な感情を瞬時に抑制して、適切に対応する	相手に断られたときのことを予想して、複数の適切な対応(親和的な表現)をもっている

具体的スキル	幼児	小学校低学年	小学校高学年	中学校	高校・青年・成人期
感情を処理する	悪いことをしたときやケンカをしたあとに、「ごめんなさい」と言う	悪いことをしたときやケンカをしたあとに、謝罪や対処ができる	悪いことをしたとき、自分の非を認め、謝罪や対処ができる	トラブルや失敗をした際に、自分の非を認め、謝罪や対処ができる	トラブルや失敗をした際に、すぐに自分の非を認め、適切な謝罪や対処ができる
		自分の望みと違っていても、相手の気持ちを受け入れる	自分の望みと違っていても、相手の気持ちを理解して受け入れる		
	自分の感情に応じて表現する	自分の感情とそのボリュームに応じた表現をする	状況に応じて、感情表現をコントロールする	状況に応じて、自分の気持ちを意識しながら、感情表現をコントロールする	状況に応じて、自分の気持ちと折り合いをつけて、感情表現をコントロールする
	喜び･怒り･不安･悲しさを家族や身近な人と共感する	喜怒哀楽を周囲にいる他者と共感する	他者と感情を分かち合う	他者との距離や状況などに応じて、適切に感情を分かち合う	状況に応じて、他者と効果的に感情を分かち合う
	友だちから攻撃的な言動を受けたとき、大人などに助けを求める	友だちから攻撃的な言動を受けたとき、大人に援助要請したり、とりあえず立ち去るなどの回避といった対処を行う	友だちからからかわれたり悪口を言われたとき、無視をしたり、話題を変えて対処する	友だちからからかわれたり悪口を言われたとき、その場を回避する対処を行い、後に大人に仲裁や援助要請を行う	相手からの誹謗中傷、非難や苦情などを受けた際、他者の仲裁や援助要請などを含めて、いろいろな方法でうまく対処できる
	ゲームや競争で負けたり最下位であっても怒って暴れない	ゲームや競争で勝敗や順位の結果を受け入れることができる	ゲームや競争で勝敗や順位にこだわって、負けそう（下位になりそう）なときでも著しく消極的にならずに活動する	勝敗や順位を気にしすぎず、苦手な活動やできないことでも、自身の特性などを理解し取り組む	苦手な活動やできないことでも、自身の特性などを理解し受け入れて、うまく対処して取り組む
		自分の意見と違っていても、皆で決めたことに一時的にでも従う	自分の意見と違っていても、皆で決めたことを受け入れる	自分の意見と違う決定でも、理に適っていれば受け入れる	自分の意見と違う決定でも、理に適っていれば、すぐに切り替えて受け入れる

具体的スキル	幼児	小学校低学年	小学校高学年	中学校	高校・青年・成人期
感情を処理する	自分の気持ちを素直に表す	自分の気持ちを適切に表す	自分の気持ちを状況に応じて適切に表す	肯定的・否定的感情を状況に応じて表情で示す	肯定的・否定的感情を状況に応じてわかりやすく表情で示す
	過敏・過剰な怒りを抑える	過敏・過剰な反応（喜怒哀楽）を抑える	過敏・過剰な反応（喜怒哀楽）を状況に応じて抑える	過敏・過剰な反応（喜怒哀楽）をコントロールして表現する	過敏・過剰な反応（喜怒哀楽）を状況に応じてコントロールする
	著しい怒りや泣きを表したあと、しばらくすると気持ちを落ち着けることができる	著しい怒りや泣きを表したあと、すぐに気持ちを落ち着かせたり、折り合いをつけられる	一時的に、怒りを抑えたり、興奮しないでいられるように努力する（ときどきできる）	状況に応じて、怒りを抑えたり、興奮しないように努力する（できることもある）	状況に応じて、怒りをコントロールする
	恐れや不安を感じた際に適切に表現する	恐れや不安に対処（回避、対応など）しようと努力する	恐れや不安に対処（回避、対応など）する	恐れや不安に効果的に対処（適切に対応）する	恐れや不安に効果的に対処（適切に対応）する
		落ち込み・意欲の喪失を周囲に訴える	落ち込み・意欲の喪失があったのち、しばらくすると気持ちを落ち着ける	落ち込み・意欲の喪失に耐える	落ち込み・意欲の喪失に耐えて対処する
		感情の起伏が生じた際に、自分の中で対話する（解決のために言い聞かせる）	感情の起伏が生じた際に、自分の中で対話する（自身が最も落ち着くように問いかける）	自分の感情の動きに気づき、自分自身と対話する（自身をなぐさめる問いかけをする）	自分の感情の動きを把握し、自分自身と対話する（効果的に折り合いをつける）

基本行動スキル（自己表現スキル）の一覧

具体的スキル	幼児	小学校低学年	小学校高学年	中学校	高校・青年・成人期
話す	（先生や友だちと話すとき）大きな声で明確に話す	（先生や友だちと話すとき）相手に聞こえる声で明確に話す	（友だちと話すとき）相手との距離や状況に応じて適切な声量で話す	相手や状況に応じて話し方や声量を変える	状況や話の内容に応じて話し方や声量を変える
		（友だちと話すとき）相手の気持ちを考えながら話す（気持ちを予想して一方的に話す）	（友だちと話すとき）相手の気持ちを意識して話す（気持ちを理解したうえで話す）	（友だちと話すとき）相手の気持ちに配慮して話す（気持ちに応じた話し方をする）	（友だちと話すとき）状況に応じて曖昧な表現を使う
	（友だちと話したいとき）自分から声をかける	（友だちと話したいとき）自分から明確に声をかける	（友だちと話したいとき）自分から適切に声をかける	（他者と話したいとき）機会を捉えて声をかける	（他者と話したいとき）機会をつくって声をかける
		（あまり親しくない友だちと話すとき）質問したり知っていることを話す	（あまり親しくない友だちと話すとき）相手に話を合わせる	（あまり親しくない友だちと話すとき）相手に合う話を予想して話す	（あまり親しくない他者と話すとき）相手に合わせた話題を探りながら選んで話す
聞く	（集団場面で先生や友だちの話を聞くとき）話し手に体を向けて顔を見る	（先生や友だちの話を聞くとき）話し手と目を合わせながら聞く	（他者の話を聞くとき）話し手と目を合わせながら、話の内容に応じた態度で聞く	（他者の話を聞くとき）話し手と目を合わせながら、状況や話の内容に応じた態度を示す	（他者の話を聞くとき）話し手と表情を合わせながら、うなずいたり首を傾げながら聞く
	（集団場面で友だちの発表を聞くとき）友だちの話を聞く	（集団場面で友だちの発表を聞くとき）友だちの意見を最後まで聞く	（他者の話を聞くとき）相手の話を集中して最後まで聞く	（他者の話を聞くとき）相手の話を途中で邪魔したり遮らず（話者の注意がそれるような行為を行わず）に聞く	（他者の話を聞くとき）相手の話をしっかり理解しようとし、整理しながら聞く
挨拶する	身近な人に挨拶する	相手のほうを向いて、ちょうどよい大きさの声で挨拶する	大人に対してていねいことばで挨拶する	年齢や立場などを考慮して、挨拶の仕方やことばなどを変える	相手との関係性に応じた挨拶を行う
	毎日の朝・帰りの決まった場面で挨拶する	友だちと日常的に挨拶する	友だちと自発的に挨拶ができる	知り合いやお客さんなどと適切に挨拶ができる	状況や場に応じた挨拶ができる

具体的スキル	幼児	小学校低学年	小学校高学年	中学校	高校・青年・成人期
やりとりや会話をする	身近な人とことばでやりとりする	（友だちと会話をするとき）自分ばかり話さずに交代でやりとりする	（友だちと会話をするとき）話しの切れ目でタイミングよく交代する	（他者と会話をするとき）聞き手の表情や話しの切れ目などのタイミングに応じてやりとりを継続させる	（他者と会話をするとき）話が途切れないように話題をつないだり、相手がしゃべったり聞いたりするタイミングを与える
	（友だちや身近な人と会話をするとき）話題にあったことばを発する	（友だちと会話をするとき）話題にあったやりとりができる	（友だちと会話をするとき）話の流れを保つように努力する	（他者と会話をするとき）意図的に話題や話の流れを変えたりできる	（他者と会話をするとき）話題や話の流れをうまく転換させたり、別の話に変えることができる
話し合う	（友だちとの話し合いで）友だちや先生の提案を聞いて同意や拒否を表明できる	（授業中や学級活動のとき）友だちの意見を聞いて賛成や反対を表明する	（授業中や学級活動のとき）複数の人の意見を聞いたうえで賛成や反対を表明する	（授業中や学級活動のとき）複数の人の意見に対して自分の考えをもとに賛成や反対を明確に表明する	（会議のとき）賛成や反対を親和的にまたは場の状況に応じて適切に表明する
		（授業中や学級活動のとき）自分の意見をはっきりと提案する	（授業中や学級活動のとき）自分の意見をじょうずに提案する	（授業中や学級活動のとき）自分の意見を説得的・明確に提案する	（会議のとき）自分の意見を適切に提案する
		（授業中や学級活動で）友だちの意見に反対するとき、明確に自分の意見を言う	（授業中や学級活動で）友だちの意見に反対するとき、理由とともに自分の意見を言う	（授業中や学級活動で）友だちの意見に反対するとき、親和的にていねいに説明しながら自分の意見を述べる	（会議のとき）人の意見と自分の意見が異なるとき、妥協点を探す
	（話し合いで決まらないとき）じゃんけんで決める	（話し合いで決まらないとき）じゃんけんや多数決で決める	（話し合いで決まらないとき）状況に応じて多数決で決めることを提案する	（話し合いで決まらないとき）民主的に決めることができる	（話し合いで決まらないとき）状況や場の雰囲気に応じて民主的な決め方を提案できる

具体的スキル	幼児	小学校低学年	小学校高学年	中学校	高校・青年・成人期
応答する	呼名や働きかけに返事をする	呼名や働きかけに対して返答する	他者からの働きかけに対して適切に返答する	他者からの働きかけに対して、状況に応じた応答を行う	他者からの働きかけに対して、状況と自身の考えなどに基づいて適切な応答を行う
	大人の簡単な質問に答える	大人の質問に礼儀正しく答える	聞かれたことに即して適切に回答する	質問に対して自分なりに工夫して答える	相手の質問や状況に応じて自分なりに工夫したり詳しく答えたりする
	他者に何か頼まれて断りたいときに、明確に断る	他者に何か頼まれて断りたいときに、適切に断る	他者に何か頼まれたとき、状況に応じて態度を決め、適切に返答する	他者の依頼を、自分のおかれた状況と吟味し、それに応じて態度を決め応答する	他者の依頼を、状況から吟味し、それに応じて態度を決め、相手に不快感をもたれないように応答する
質問する	わからないことがあるとき、先生や身近な人に尋ねる	わからないことがあるとき、先生や友だちにことばで尋ねる	困ったとき、周囲の誰かに尋ねる	困ったとき、周囲の誰かに適切に質問する	困ったとき、場面や状況に応じて尋ねる相手を選び、適切に質問する
	自分が知りたいとき、先生や身近な人に質問する	自分が知りたいとき、先生や身近な人に適切なことばで質問する	自分が知りたいことに応じて、相手を選んで適切なことばで質問する	必要に応じて、情報や説明を求める	必要に応じて、適切な相手を選んで、情報や説明を求める
お願いする・主張する	「貸して」と言って許可を求める	「貸して」と言うことと同時に懇願する態度を示す	「貸して欲しい」などという気持ちをていねいにことばや態度で示す		
	先生や身近な人にお願いができる	やさしい頼み方をする	ことばのていねいさに配慮した頼み方をする	相手の都合を考えて、状況やタイミングに合わせた頼み方をする	相手や状況、タイミングに合わせて、柔らかくていねいな頼み方ができる
	(嫌なことをされたとき) 拒否や抗議を言動で表明できる	(嫌なことをされたとき)「やめて」などのことばで拒否や抗議をする	不合理な要求や不本意な依頼を明確に断る	不合理な要求や不本意な依頼をじょうずに断る	不合理な要求や不本意な依頼を状況に応じて適切に断る

具体的スキル	幼児	小学校低学年	小学校高学年	中学校	高校・青年・成人期
	自分のやりたいことを他者に主張する	適切なことばで自分の思いを主張する	やさしい言い方で自分の思いを主張する	相手に配慮しながら自分の要求や権利を主張する	状況に応じて自分の要求や権利を適切な方法で主張する
関係を維持したり、より良い関係にする	友だちや身近な人と親和的に遊ぶ	誰とでも親和的に遊ぶことができる	友だちの意思を尊重しながら一緒に遊ぶ	友だちの意思や状況などに配慮しながら一緒に遊だり活動する	相手の意思や状況を鑑みながら一緒に遊んだり行動したりする
	友だちや身近な人とおもちゃを交換して遊ぶ	友だちや身近な人と物や機会を分け合う	他者のために臨機応変に物や機会を分け合う	複数の他者に配慮して臨機応変に物や機会を分け合ったり分配できる	状況や他者に配慮して物や機会などを分け合ったり分配することを自発的に提案できる
	友だちや大人に何かしてもらったとき、感謝のことばが言える	友だちに何かしてもらったとき、感謝の気持ちを伝える	感謝の気持ちを他者に自発的に伝える	感謝の気持ちを他者に適切な方法や態度で伝えることができる	感謝の気持ちを周囲にていねいな態度やことばで自発的に伝える
	ほめことばが使える	友だちをほめる	状況に合わせて、タイミングよく友だちをほめる	他者をうまく賞賛する	(状況や相手との関係性に応じて) お世辞を言う
	友だちを誘うことばが使える	友だちが一人でさびしそうなとき、遊びや活動などに誘う	他者が一人でさびしそうなとき、声をかけて話しかける	一人でさびしそうな他者を見たとき、状況や相手のことを考えたうえで働きかける	一人でさびしそうな他者を見たとき、状況や相手のことを考えたうえで適切な働きかけができる
	(友だちが泣いているとき) 心配することばが使える	(友だちが具合が悪いとき) 心配して声をかける	(友だちの様子がおかしいとき) 心配して働きかける	(友だちの様子がおかしいとき) その様子や状況に応じて気を使う行動をとる	仲間や同僚の様子に応じて、援助、示唆、誘い、アドバイスなどを行う
	(友だちが困っているとき) 手助けをする	(友だちが困っているとき)「手伝うよ」などのことばをかけて働きかける	他者が手伝って欲しいことや皆のためになることを考える	所属する集団の利益を考える	他者や組織のメンバーに気配りする
問題を解決する	(自分が困ったとき) 身近な人に助けを求める	(自分が困ったとき) 友だちや先生に明確な意思表示で援助を要請する	(自分が困ったとき) 友だちや先生に適切な方法で援助を要請する	(困ったとき) 適切な相手を選んで適切な方法で援助を要請できる	(困ったとき) 適切な相手を選んで、解決のための具体的な援助を要請する

具体的スキル	幼児	小学校低学年	小学校高学年	中学校	高校・青年・成人期
	（トラブルの解決に向けて）身近な大人に頼むことができる	（トラブルの解決に向けて）自分で何とかしようと努力する	（トラブルの解決に向けて）計画を立てて実行しようとする	（トラブルの解決に向けて）計画を立てて実行する	（トラブルの解決に向けて）適切に計画を立て、実行し、途中修正しながら進める
		（トラブルの解決に向けて）相談すればよいことを知っている	（トラブルの解決に向けて）友だちや身近な大人に相談する	（トラブルの解決に向けて）信頼できる、または適切な他者に相談する	（トラブルが生じた場合）解決方法を探るために他者に相談する
	（他者とトラブルが生じた場合）相手と仲直りするためのことばを使える	（他者とトラブルが生じた場合）自発的に相手と仲直りしようとする	（他者とトラブルが生じた場合）相手と仲直りする手だてを遂行する	（他者とトラブルが生じた場合）相手と仲直りする手だてを講じて和解することができる	（他者とトラブルが生じた場合）相手とうまく和解する
対人関係・集団に参加する	遊びに参加したいとき、「入れて」と言える	仲間や会話に入りたいとき、ことばでお願いする	他者らが話しているところに、気軽に参加する	他者らが話しているところに、適切なことばを発しながら参加する	他者らの談話に、タイミングよく適切に参加する
	簡単な作業を友だちと協力できる	自発的に友だちと協力する	協調的な態度や行動でグループ活動に参加できる	友だちや仲間と助け合うことができる	同僚や仲間と常に助け合う
	ルールを守って遊ぶことができる	遊びや教室内のルールを守る	さまざまなルールを理解して行動できる	さまざまなルールを理解して適切に行動する	さまざまなルールや道徳規範を守って行動する
	簡単なお手伝いや係の仕事ができる	日直や係などの仕事を行う	自分に与えられた役割を果たす	集団の中で自分の役割を自覚し、務めを果たすことができる	所属集団の中で自分の役割や立場を自覚し、務めを果たす
		集団におけるリーダーとフォロアーがいることを知っていて、どちらかの役割を遂行する	ときにはリーダーシップをとることができる	集団の中で指名されたときはリーダーシップをとる	イニシアチブをとって仕事をしたり、集団の中でリーダーシップを発揮する

Chapter
3

各ライフステージに応じた葛藤・ストレス場面でのソーシャルスキル・トレーニング

case 1

幼児期

物の貸し借りでトラブルになる

「ダメ」と断られると、すぐに怒ってしまう

幼稚園の年長のこうた君は、普段「貸して」「いいよ」「ありがとう」というやりとりはできるのですが、「貸して」と言った際、友だちに「ダメ」と断られてしまうと、気持ちを切り替えることが難しくなってしまい、友だちが使っているおもちゃを強引に取り上げようとしてしまいます。

基本行動スキル 「お願いする・主張する」「関係を維持したり、より良い関係にする」「応答する」

チェック！
- □「貸して」と言い、友だちに「いいよ」と言われてから借りることができるか
- □「ありがとう」と言うことができるか
- □ おもちゃを一緒に使うことができるか
- □「ダメ」と断られたときに、「お願い（念押しのお願い）」や「一緒に使わせて」や「あとで貸して」と言うことができるか

感情抑制スキル 「感情を処理する」

チェック！
- □ 怒りを抑えることができるか
- □ 予測をもって自分の気持ちをコントロールできるか

Point ポイント

断られたときに、どうすればいいのかわからない

基本的な貸し借りのスキルは身についているのに、たびたびトラブルに発展してしまう理由として、断られる場合もあることを予測できない、「貸して」と言えばどんな場合でも借りられると誤った理解をしている、予想外の答えが返ってくるとパニックになり感情をコントロールできなくなってしまうなどが考えられます。

まずは、「ダメ」と断られる場合があるという予測をもつことで感情をコントロールする術を身につけていきましょう。ことばでの説明だけでは理解しきれない子どももいるので、「いいよ」と言われた場合と、「ダメ」と言われた場合についてイラストにして説明すると理解しやすくなるでしょう。

その際、「ダメ」と言われたらがまんしなければならないこともあることを教える必要があります。このとき、「ダメ」と断られると、「もうずっと使えない」という強い不安が生じてパニックになってしまうことがあります。「ダメ」と断られたあとに、数分がまんしてその後「いいよ」と貸してもらえる体験もさせてあげることで、がまんしたらちゃんとあとで貸してもらえるんだということを理解していくことができるでしょう。

またステップアップとして、「ダメ」と言われたら、「お願い」と念押しをしてみたり、「一緒に使おう」や「あとで貸して」と交渉をするスキルを練習することも重要です。実際の場面で、「ダメ」と断られてパニックになる前に、「『一緒に使おう』って言おうね」と声をかけることを繰り返し行ってみましょう。

少し年齢があがって、断られたときに「なんで?」と理由を尋ねるスキルを練習し、その理由を聞いて納得するということも身につけていけるといいでしょう。

Try トライ

「ダメ」と断られたらがまんして、別の遊びに切り替えることを教える

❶使いたいおもちゃがあったとき、「貸して」と言っても、「ダメ」と言われることもあることを伝え、「ダメ」と言われたら借りることができないことを教えます。

❷別のおもちゃや遊びを探すように促し、気持ちを切り替えられるようにします。

❸がまんすることができたら、すぐに行動を振り返り、ほめることを忘れないようにしましょう。

❹がまんを身につけられたら、「お願い」や「一緒に使おう」、「あとで貸して」などのスキルを教え、練習をしていきましょう。

アドバイス

事前に計画を立てて行動してみましょう

使いたいおもちゃがなかったときに、代わりにどのおもちゃで遊ぶかなど、遊びたいおもちゃの選択肢を複数考えておく練習をすることも有効です。遊びに行く前に「公園に行ったら何で遊びたいか。その遊具が空いていなかったら何をして遊ぶか」のように、大人と一緒に計画しておくといいでしょう。

また、周囲の状況を見る力をつけ、お気に入りのおもちゃが誰にも使われていないタイミングを見極めることができるようになれば、余計な衝突を避けることができるでしょう。

どうしても遊びたいおもちゃがある場合には、「○○は今△△君が使っているね」「○○は今誰も使っていないね」などの声がけをして、状況を気づかせるようにするといいでしょう。うまくできなかった場合には、「ダメ」と言われて無理やりおもちゃを取り上げてしまう、かんしゃくを起こしてしまうと、友だちが

どんな気持ちになるのか、どうすればよかったか、などについてイラストを用いながら振り返りをしてみましょう。

case 2

幼児期

怒ったときやイライラしたときにうまく気持ちを立て直せない

気持ちをうまく切り替えることが難しい

幼稚園の年長のこういち君は、みんなでドッジボールをしています。年長になるとルールを理解して力強くボールを投げています。ボールにあたって「外へ出るのがイヤだ」という顔をする子どもがいるものの、それでも外へ出て楽しく過ごしていました。結局、こういち君のチームは負けてしまいました。するとこういち君は「わーっ」と大きな声をあげて「イヤだよ」と言い、近くにいた子どもに砂を投げつけました。先生が「負けちゃったんだから、しょうがないよ」「またやろうよ」などと声をかけますが、ひっくり返って泣いています。

基本行動スキル 「集団に参加する」「提案する・誘う」

チェック！
- □ 遊びや活動のルールを理解して参加することができるか
- □ 勝敗を受け入れることができるか
- □ 「もう一度やろう」と他者を誘う・提案することができるか

感情抑制スキル 「感情を処理する」

チェック！
- □ 受け入れられる方法で怒りを表現できるか

Point
ポイント

イライラした気持ちを、適切に表現できない

幼児期には集団生活の中で友だちと一緒に遊んだり活動するなかで、ひとりではできないおもしろい遊びができたり、友だちといることが楽しいと感じます。一方で自分の思いが通らずにさまざまな形でのケンカも多くあります。ケンカをしながら社会性やルールを学んでいくことがどの子どもにもみられる幼児の姿です。自己主張やケンカそのものは良いことですし、自己主張のぶつかりあいを経て友だちの気持ちを考えることができるようになったり、仲良く遊ぶ手だてとしての適切な表現方法を身につけていきます。

衝動性が強かったりこだわりがある子どもは、ボールゲームやリレーなどで自分のチームが負けてしまうと、がまんできずに感情を爆発させてしまうことがあります。ゲームに勝ちたいという気持ちはどの子どもにもあるでしょうから、「勝ちたかった」という気持ちや「くやしい」という子どもの気持ちをまず認めてかかわることが必要です。しかし徐々に、砂を投げたり、地面にひっくりかえるなどではない、受け入れられる方法での表現を教えていきましょう。ゲームに負けたら終わってしまう、と思っている場合もありますから、「もう一度やる」ことができるなどの見通しをもたせるのもよいでしょう。また、「もう一度やろう」などと適切な表現で友だちに提案して、友だちに受け入れてもらう体験をすることもよいでしょう。このようにしてイライラを爆発させない方法を身につけられるようにしてきましょう。また勝ち負けだけではなく、「がんばったら一番」など多様な感じ方を教えていくのもよいかもしれません。

子どもは一人ひとり違います。その子どもに合った、伝えたい気持ちを表現できる方法をみつけて、繰り返し教えていきましょう。

Try トライ 自分がイライラしていることに気づき、受け入れられる表現を覚える

❶自分の思いと違った結果になったり、自分は早くやりたいけど順番を待たなくてはいけない、その結果として他の子どもを叩いてしまったりする場合、まず「早くやりたかったんだね」「負けてくやしかったんだね」と気持ちをことばで表現してあげましょう。そうすることによって、自分の気持ちに気づくことを援助しましょう。

❷少し気持ちが落ち着くのを待ちましょう。本人が表現したい気持ちを聞きながら、友だちに受け入れられる気持ちの表現を教えましょう。「ぼく、負けてくやしいよ」と友だちにことばで言う、「もう1回やろうよ」とみんなを誘うなど適切な表現の方法を教えましょう。一緒に考えることもよいと思います。一緒にゲームを楽しめる方法を考えていきましょう。

❸気持ちを落ち着かせるための方法も一緒に考えていくとよいでしょう。数を数える、クールダウンできる場所に行くなど、子どもの様子をみながら適切な方法をみつけると、子どもが一人でクールダウンできるようになることもあります。

アドバイス ルールを守って遊ぶ楽しさを感じてみましょう

友だちと遊ぶことが楽しいという体験をもとに、粘り強く友だちに受け入れられるような表現を教えていきましょう。大人が仲立ちしながら、子どもが適切な表現を使ったことで、子ども自身が友だちに受け入れられてよかったという体験ができることが一番です。またルールを守って友だちと遊ぶことが楽しいという体験も、適切な方法で表現したいと思う動機づけとなるでしょう。

case 3
幼児期

嫌な場面や苦手な活動に取り組めない

自分に自信がなく挑戦できない、その場から離れる

みんなで製作をしようと先生から声をかけられてクラスの子どもが保育室に集まってきました。ゆうた君は席について先生の話を聞いていますが、画用紙やはさみが配られて製作が始まると、席を立ってホールに行き一人で遊び始めました。

先生が呼びに来ても、保育室に帰ろうとはしません。さらに先生が「お部屋に行って製作しようよ」と誘うと、大声を出して拒否しました。

基本行動スキル「主張する」「対人関係・集団に参加する」

チェック！
- □ 嫌なときには「イヤ」と言えるか
- □ 先生の話が聞けるか
- □ 一定時間着席できるか

感情抑制スキル「感情を処理する」

チェック！
- □ 怒らずに気持ちを伝えられるか

Point ポイント 自信がなく、失敗するのを避ける

子どもは大人が思うより自分は何が苦手で、何が得意かをわかっています。そして苦手なことや苦手な活動は避けようとする子どもも多くいます。先生としては「じょうずにできなくても最後までがんばってくればいい」と思っているのでしょうが、子どもによってはじょうずにできないとわかっていると取り組むことを避けてしまう場合もあります。ある程度年齢があがると苦手なことでも挑戦してみようという気持ちをもちますが、特に失敗経験が多い子どもは、自信を失っているために「また失敗するかもしれない」という気持ちになり挑戦できません。

ある程度の年齢になると一斉活動では着席して先生の話を聞かなくてはならないと理解してがんばって座っていることができますが、なかには集中力が続かないために着席していることができずに離席してしまう子どももいます。

また子どもによっては初めてのことに取り組むことが苦手な子どももいます。これから自分が何をやるかを、子ども自身が興味をもち理解できる形で伝えることも必要でしょう。

子どもが苦手な活動に取り組みたくない場合、やりたくない気持ちを離席という形ではなく、ことばで表現することを伝えましょう。子どもがことばで伝えてきたときには、先生も子どもの気持ちを受け止めて、どうしたらよいかを一緒に考えましょう。

Try トライ 少しずつ取り組むことにより、自信をつける

❶着席して先生の話を聞く、また活動に参加できたら、短い時間であってもほめましょう。「じょうずにお話しが聞けたね」などとほめることによって、子どもの自信にむすびつくでしょう。また先生がこ

まめに声をかけることによって、着席する時間も長くなっていくでしょう。

❷その子どもが苦手とわかっていれば、課題をスモールステップにする、取り組みやすい方法に変えるなどして、子どもが取り組んでできた経験をさせましょう。また、できたできないにこだわらずに「最後までがんばったこと」を認めましょう。これからどんな活動をするのか、子どもが理解できるように説明をしたり、子どもが見通しをもてるように伝えることも必要でしょう。

❸なんらかの理由で「イヤ」「できない」などの表現をしたら、子どもが表現したことを受け止めて、一時的に場を変えて落ち着くようにするなども必要でしょう。また大声を出したりせずに、「イヤ」「できない」などと気持ちを表現できるよう援助することも大切です。

アドバイス

日頃から自信をつけていきましょう

子どもは自分ができないとか、苦手であることは意外とわかっているものです。しかし、苦手なことにも挑戦して欲しいと思うのは当然でしょう。日頃から、少しでもできたこと、がんばったことはほめて、自信をつけさせましょう。

まわりの子どもと比べるより、その子どもが以前よりできるようになったら、そのことを認めることも大切です。

case 4

幼児期

場面の切り替えに柔軟に対応できない

場面の切り替えが難しい

はるき君は「片づけてお部屋に入ろう」と言われて、他の子どもが片づけてお部屋に入って行くのに、いつまでも園庭で遊んでいます。先生が「お部屋に入ろう」と言うと「イヤ」と拒否して片づけようとしません。さらに誘うと、おもちゃを持ってどこかへ行ってしまいました。保育室では朝の会が始まっています。

はるき君は食事のあと、歯磨きをしながら水遊びを始めました。コップに水をくんだり流したりしていました。先生に「おしまいだよ」と言われましたが止める気配がありません。何回言われても切り替えられないようです。

基本行動スキル **「対人関係・集団に参加する」**

チェック!

- □ まわりの動きを見て判断して行動するか
- □ 言われたら、切り替えることができるか

感情抑制スキル **「感情を処理する」**

チェック!

- □ 状況に応じて気持ちをコントロールすることができるか
- □ 自分の中で対話することができるか

Point ポイント 見通しをもたせて、気持ちを変えるようにしていく

次にすることへの見通しがないため、気持ちを切り替えられないことがあります。こうしたときには予め何時になったら遊びを終わりにするか約束しておくと、その時間を示すことで切り替えられることもあります。まずは生活の見通しがもてるようにしていきましょう。

少しこだわりがあり、水が大好きで止められないといった場合もあります。「やめよう」と言っても止めない場合は、「次にその子どもの好きな活動がある」など見通しをもたせたり、すぐに止めるのではなく「あと○回やったら終わりにしよう」などと言って気持ちを替える時間をつくるのもよいでしょう。次が好きな活動であると切り替えやすいので、興味を引いたり意欲をもたせるよう試みましょう。

多少のこだわりは認めながら、切り替えられたら子どもをほめてあげましょう。

こうした切り替えの経験を積むことによって、少しずつまわりを見ながら切り替えたり、切り替えるために気持ちをコントロールすることができるようになっていくでしょう。また、切り替えて次の活動に移ったら、一緒にできて楽しかったという経験をしていくことも大切です。

Try トライ 見通しをもって場面を切り替える

❶子どもに合った形で見通しをもつことができるようにしていきましょう。あらかじめ日課を示すと切り替えやすい子どもであれば、登園したときに今日の日課を示して、「10時になったらお部屋に入ろう」「12時にお昼」などとあらかじめ伝えておきましょう。その時間になったら、「10時だよ」と伝えることによって、自分から気づいて場面を切り替えられ

ます。

❷日課を示さなくても切り替えられるようなら、「あと10分したらお片づけだよ」と早めに片づけなどを予告しておくこともよいでしょう。また、次の活動を子どもが興味をもちやすい方法で伝えたり、（その子どもが好きな）「○○をするよ」などと伝えて活動に取り組みたいと思うようにするとよいでしょう。見通しをもたせて、切り替えられた経験を積み重ねていくことが大切です。

❸子どもに合った声がけをすることで切り替えができるようになったら、「お片づけだよ」「お友だちも片づけているよ」などと他の子どもの様子に注意を払うように促していくこともよいでしょう。まわりのお友だちを見ながら自分から動けるようになるといいですね。

アドバイス

場面を切り替えられる環境を整えて、あせらずにつきあっていきましょう

生活に見通しがもてるようになったり、ことばでの理解が進んだり、またことばでの表現ができるようになってくると、場面を柔軟に切り替えられるようになっていきます。そのようになるまでは時間がかかりますから、まずは見通しがもてる環境を整えて切り替えられるように援助したり、切り替えることによって楽しいことがあったという経験を積み重ねていきましょう。

case 5

幼児期

友だちにすぐ手が出てしまう

ことばで伝えられず、とっさに手が出てしまう

年長クラスのたろう君が基地をつくって楽しそうに遊んでいたところ、戦いごっこをしていたクラスの子が、たろう君の基地があるとは知らずに基地に足を踏み入れてしまいました。それに気づいたたろう君は、その子を強く押して泣かせてしまいました。

基本行動スキル　「関係を維持してより良い関係にする」

チェック！
- □ 適切な方法で自分の気持ちを伝えることができるか
- □ 相手が嫌な思いをしない伝え方ができるか

感情抑制スキル　「感情を処理する」

チェック！
- □ 自分の気持ちが理解できるか
- □ 自分の気持ちをことばで表現できるか
- □ 怒りの気持ちをコントロールできるか
- □ 解決を急ぐ気持ちをコントロールできるか

Point ポイント
衝動的な反応を抑えられず、適切な振る舞い方を考える前に行動してしまう

起こったことに対して、考える前に反応してしまう傾向が強く、反射的な反応を抑えて行動することに難しさがあることが考えられます。たろう君は、自分のテリトリーに侵入されたことに対して、不快な気持ちが生じ、目の前で起きている事態やそれに伴う不快な気持ちを解消したいという欲求が抑えられず行動に移してしまったと考えられますが、その際、何が起きてどんな気持ちが生じたのかをはっきり認識しないうちに反射的に行動していると推測されます。

何が起きているのか理解し、自分にどんな気持ちが生じているのか認識できるようになることで、衝動的な反応をコントロールすることができるようになります。まず、自分がどんな気持ちになったのか把握できるよう支援していき、そのうえで嫌な気持ちが生じたときにどのように表現すればよいか具体的に伝え、相手に自分の希望を伝えるときの言い方を教えます。自分の気持ちがことばで表現できたときはそれをほめ、自信と意欲につなげます。

また、相手にこうして欲しいと伝えられたときにもほめ、相手の体を押さなくても解決できることを伝えていきます。自分の気持ちを認識してことばにできるようにすることで、嫌な気持ちになっても気持ちを調整していけるようになり、相手にどう伝えればよいかを考える余地が生まれます。

Try トライ 本人の気持ちをことばにして確認した上で適切な解決策を伝える

❶あらかじめ、嫌なときは「やめて」などのことばで伝えるよう教えておきます。また、状況を見てトラブルが起こりそうなときは、「別のお友だちが入ってくるかもしれないよ」と予測されることをあらかじめ伝えておき、「もしも入ってきたときは押したり叩いたりしないで『入らないで』って言おうね」と対処の方法を確認しておきましょう。

❷トラブルになってしまったときは、まず、その行動の背景にある本人の気持ちを、「突然入ってこられて嫌な気持ちがしたのかな」などとことばにして確認するようにします。自分で気持ちをことばにできたときはそれを受け止めます。

❸本人が感じた気持ちを認めつつ、解決するための適切な方法について、事前に確認していた内容を思い出すよう促し、相手にどう伝えればよいかあらためて具体的に知らせます。また、相手に悪気がない場合は、どういうつもりでそうしたのかについても説明しておくとよいでしょう。

❹押したり叩いたりしないで伝えられたときはほめ、適切な伝え方が定着していくよう働きかけます。

アドバイス 気持ちに関する知識を広げておきましょう

日頃から、日常のエピソード、絵本などを題材にして、いろいろな気持ちについて取り上げ、気持ちを表すことばの知識を広げておきましょう。写真やイラストなどの具体的な材料を使うとイメージがふくらむので理解しやすくなります。また、表情絵など目で見てわかる情報を使うとわかりやすいでしょう。

同じ気持ちでも、どのくらいの強さなのか、レベル・段階に違いがあるということも、視覚的な材料を使いながら伝えていきましょう。たとえば、同じ〝イライラ〟という気持ちが生じる○○場面と△△場面について、イライラの強さを考えて捉えるようにするなど、気持ちの強さのレベルを意識する機会をつくりましょう。気持ちに段階があることがわかると、より気持ちをコントロールしやすくなります。

アドバイス

どうしてもうまくいかないときは大人に手助けを求めましょう

嫌な気持ちにならず解決できるという見通しをもてるように、うまくできた経験を積むことを心がけましょう。しかし、どうしても解決できなかったり、相手を受け入れられずトラブルになるような場合は、大人に知らせに来るようにと伝えておきましょう。

case 6 幼児期

適切に手伝いを求めたり、断ったり、お願いすることができない

困ったことやできないことがあると「助けて」と言えず泣き出す

　みかこちゃんは製作の時間、どうしたらいいのかわからなくなってしまい、何も言えず固まってしまいます。「どうしたの？」と先生に尋ねられると、突然泣き出してしまいました。

Chapter 3 幼児期

基本行動スキル 「お願いする」「問題を解決する」

チェック！
- □「助けて」と言うことができるか
- □「教えてください」など相手に依頼する言い方ができるか
- □ 困ったときに助けを求めるための行動ができるか

感情抑制スキル 「感情を処理する」

チェック！
- □ 困難な状況におかれたときに生じる恐れや不安にうまく対処できるか

Point ポイント

困ったときにどうすればよいかわからなかったり、よい見通しがもてず不安になる

自分がどうすればよいか見通しがもてず強い不安を感じていたり、何か嫌なことが起こるのではないかと予期してその状況に恐れを抱いていると、困ったことが起きたときに解決に向けた方法を考えることができません。そのために不安や恐れでいっぱいになり、緊張が高まって固まってしまうなどの反応を示すことが考えられます。また、人とのやりとりの中で解決できた経験が乏しく、人に助けを求めると怒られるかもしれないと不安に感じていたり、助けを求める方法がわからないために何も言えない状態に陥っている可能性も考えられます。

困ったときには、誰かに発信すれば解決につながることを伝えましょう。見通しがもてるようになることで不安や恐れに対処できるようにしていくことがポイントと言えます。助けを求めることに対する不安は、周囲の理解と配慮（助けを求められたときに安定して応じるなど）によって解消しやすく、対処しやすいので、助けを求めるための具体的な行動を教えて実行してもらい、うまくできた経験を積めるよう取り組みましょう。そういった体験を通して、人とやりとりすれば解決できるという見通しがもてると、困った状況におかれたときでも過度に不安にならずに対処できるようになります。

Try トライ

「教えてください」と伝えることで事態を打開できるという見通しをもたせる

❶困ったりわからなくなったときは「教えてください」と言えばよいことをあらかじめ伝えておきます。助けを求めても怒られたり責められたりしないことを十分伝えて、助けを求める際に生じる不安に

対処できるようにします。

❷本人の表情や様子を気にかけておき、困っていそうなときは「困っているように見えるけれど大丈夫？わからなかったら『教えてください』って言えばいいからね」などと声をかけ、助けを求める際の不安を軽減できるよう働きかけます。その働きかけを受けて、本人が「教えてください」と言うことができれば「『教えてください』って言えて偉いね」とほめ、本人が解決できるようサポートします。助けを求めることで問題解決につながることを体験し、困ったことが起きても大丈夫という見通しがもてるようになるでしょう。

❸助けを求められるようになってきたら、自分から解決に向けて行動できるよう「わからなくなったり、困ったときは手をあげて知らせてね」「先生のところに言いに来てね」など、具体的な行動の仕方を教えます。実行できれば「言いに来ることができて偉かったね」と行動できたことをほめ、解決に向けた援助をします。問題が起きても何とかなるという見通しがもてるようサポートしていくことがポイントです。

アドバイス

見本を示したり想像して考えるなかで見通しがもてるよう促しましょう

生活の中で大人が困っている場面を示し、どうすればいいかことばにしながら実際にやってみせ、解決できた姿を示していくことも日頃からできる支援の一つです。また、失敗することについても、大人が失敗してみせ、そのときの気持ちをことばにし、失敗に対処する姿を解説しながら示すことで、失敗したりわからなくなっても大丈夫であることを示していきましょう。

また、こういうことが起きたとき、どんな気持ちになるか、どうすればいいか、といったことを日頃から話題にして考える経験を重ねると、見通しをもつことにつながっていきます。

アドバイス

ことばで伝えにくいときは他の方法を検討してみましょう

困ったときにことばで表現しづらいときは、助けを求めたり、困っていることを伝えられるカードをつくって利用したり、大人にわかるサインを決めておくなど、本人が利用しやすい方法を検討するといいでしょう。

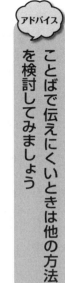

case 7
幼児期

慣れない場所や物を極端に怖がる

慣れない場所に行くと怖がり、泣いて拒否をする

かおりちゃんは慣れない場所や物をとても怖がります。家族でデパートに買い物に出かけたとき、かおりちゃんが「トイレ」と言うので、トイレを探して入ろうとしますが、トイレの前に来ると「イヤ！」と中に入ることを拒否し、泣き出してしまいました。

人が大勢通る道やにぎやかな場所を嫌がり、その場で「帰る！」と言ったり、大泣きしてパニックになることもあります。

Chapter 3 幼児期

基本行動スキル 「対人関係・集団に参加する」

チェック！
- □ まわりの動きを見て、慣れない場所や物とのかかわり方を判断し行動できるか
- □ まわりの動きや事前の説明によって見通しをもてるか

感情抑制スキル 「感情を処理する」

チェック！
- □ 見通しをもたせることで不安や恐れに対処することができるか
- □ 不安や恐れを軽減させる手段をもっているか

Point ポイント

見通しがもてず、不安や恐れを感じる

慣れない場所や物を極端に怖がる理由として、①初めて目にした場所や物がどうなっているのか、どう対処してよいのかわからず不安感を抱いている ②〝いつもと同じ〟ことへのこだわりから慣れない場所に抵抗を示している ③感覚の過敏があり、何らかの不快を感じているなどが考えられます。

慣れない場所や物がどうなっているのか、何をするのか、どう使うのかなどを具体的に示したり、わかりやすく説明することで見通しをもたせ、不安や恐れを軽減させましょう。

こだわりや感覚の過敏さが背景にある場合、不安を軽減させるとともに、興味や関心を広げることや、苦手な刺激を可能な限り取り除くことも必要です。

Try トライ

見通しをもたせ、不安感を軽減させる

❶慣れない場所に行くときや初めての物を使うときは、どこに行き、何をするのか、どのように使うのかなどを事前に伝えて見通しをもたせ、不安感を軽減させましょう。写真や絵を用いてわかりやすく説明すると、より見通しがもちやすくなります。

❷実際に慣れない場所や物にかかわる場面では、身近な大人が、その場所や物とのかかわり方や、その場所や物が安全であることを態度や行動で具体的に示します。子どもが大人の行動に注目するよう促しましょう。幼稚園や保育園では、仲の良い友だちの行動を見るのもよいかもしれません。

❸不安感が強いようであれば無理強いせず、〝少しだけ触ってみる〟〝入り口から覗く〟〝一歩だけ中に入る〟〝大人と手をつないで行く〟など、まずはできそうな目標から取り組み、スモールステップで成功体

験を積み重ねていきましょう。子どもが頑張ったときは称賛し、自信につなげることも大切です。

アドバイス

パニックを起こしたときには、無理強いせずに気持ちを落ち着かせましょう

大声で泣き叫んだり、パニックを起こしたときには、静かな場所や怖くない場所に移動し、まずは気持ちを落ち着かせましょう。「初めての場所で怖かったね」「人がたくさんいてびっくりしたね」などと子どもの思いを代弁し、不安な気持ちを受け止めます。落ち着いたら、「少しだけ見に行く?」「手をつないで入ってみる?」と子どもと相談し、できそうな目標に挑戦しましょう。難しいようであれば、無理強いせず「じゃあ明日は○○してみようか」と、次に向けることも必要です。

アドバイス

不安や恐れを軽減させる手段を見つけましょう

〝大人と手をつなぐ〟〝目をつぶる〟〝お気に入りのおもちゃを持つ〟〝おまじないを唱える〟など、不安感を軽減させる手段を見つけ、不安や恐れを感じる場面で使いましょう。不安や恐れへの対処の仕方は子どもによって異なるので、本人に合う手段を見つけましょう。日頃から「○○ちゃんは…があると安心するよね」「…っていうおまじないを唱えると怖くないよね」などと確認するとよいでしょう。

アドバイス

日常的にほめて成功体験を増やし、自信をもてるようにしましょう

不安や恐れを感じる場面だけでなく、遊びや生活など、日常のさまざまな場面を通じて子どもをほめ、子どもが自信をもてるようにしましょう。

case 8

幼児期

かんしゃくを起こすとなかなかおさまらない

一度怒るとなかなかおさまらない

こうた君は、一度怒ったり泣いたりすると、なかなか気持ちをおさめることができません。園庭で友だちと秘密基地をつくって楽しく遊んでいたこうた君。突然、「そうじゃない！」と言って怒り、秘密基地を壊してしまいました。秘密基地を壊したあとも怒りはおさまらず、その場にひっくり返ってしばらく暴れ続けました。

基本行動スキル 「主張する」「関係を維持したり、より良い関係にする」

チェック！
- □ 嫌なことを「やめて」と抗議することができるか
- □ 自分が悪かったことを認め、謝ることができるか

感情抑制スキル 「感情を処理する」

チェック！
- □ 怒りを適切に表現できるか
- □ 自分の気持ちをコントロールすることができるか

Point ポイント

気持ちをコントロールし、適切に表現することができない

一度かんしゃくを起こすとなかなかおさまらない理由として、怒りや不快な気持ちをうまくコントロールできないことや、自分の気持ちを「やめて」「イヤだ」「○○したい」などのことばで適切に表現できないことが考えられます。

できるだけ短い時間で感情の高ぶりを抑えられるようになることや、自分の気持ちをことばで適切に表現できるようになることを目指し、根気強く練習しましょう。また、自分が悪かった場合、落ち着いたときに「ごめんね」と相手に謝れるようになることも重要です。

Try トライ

できるだけ短い時間で気持ちを落ち着かせ、ことばで表現する練習をする

❶かんしゃくを起こしたときは、まずできるだけ短い時間で気持ちを落ち着かせましょう。静かな場所に移動し、「時計の針が○までにニコニコになれるかな」「落ち着いたらお話聞くね」などと次に意識を向けさせ、気持ちの切り替えを促します。強い口調で注意をすると余計に興奮してしまう可能性があるので、淡々とした口調で短く声をかけ、まずは落ち着かせることを優先しましょう。

❷落ち着いてから気持ちを聞き、「『やめて』『○○がしたかった』ってお口で言えばいいんだよ」と適切な表現の仕方を具体的なことばで教えましょう。「○○君も言ってごらん」と子どもにも実際に言わせてみましょう。直接相手の子どもに伝える練習もしてみましょう。本人が悪かった場合は、落ち着いてから状況を整理し、自分が悪かったことを理解させ、相手の子どもに謝ることを促しましょう。

❸かんしゃくを起こしそうなときは、「なんて言うんだっけ？」と事前に声をかけ、気持ちをことばで

伝えることを促しましょう。かんしゃくを起こしてしまったときも、落ち着いてから「どうするんだったっけ?」「なんて言うんだったっけ?」と確認しましょう。少しずつ子ども自身が答えられるようになります。

❹怒るのをがまんしてことばで伝えられたときや、相手の子どもに謝ることができたときはほめ、子どもの自信や意欲につなげることも大切です。

アドバイス

落ち着きやすい環境を整えましょう

かんしゃくを起こす原因となった相手や物が目の前にある状況や、周囲が騒がしい中で、気持ちを落ち着かせるのはなかなか難しいことです。子どもが気持ちを落ち着けやすい環境を整えましょう。場所を変えることやかんしゃくの原因から離れることが気持ちの切り替えにつながるので、かんしゃくを起こしたときはまず場所を移動させましょう。移動する場所は、静かで、余計なものや刺激が少ない場所がよいでしょう。ケガにつながる恐れがあるので、危険なものや他児を近づけないようにしましょう。

アドバイス

気持ちをコントロールする方法を身につけましょう

怒りそうになったときや嫌な気持ちになったときに気持ちを落ち着かせる方法を身につけましょう。〝目をつぶって10数える〟〝深呼吸をする〟〝おまじないを唱える〟〝お水を飲む〟〝別のお部屋に行く〟など、本人に合った方法を見つけましょう。まずは落ち着いているときに練習し、徐々に実際の場面で使えるようにします。イライラしてきたときに、「どうするんだっけ?」「○○君は…すると気持ちが落ち着くよね」などと声をかけ、実践しましょう。かんしゃくを起こしてしまった場合にも、落ち着いてから「どうするんだったっけ?」と確認し、練習しましょう。

case 9
幼児期

楽しいことがあるとはしゃぎすぎてしまう

遊びや活動が楽しく、はしゃぎすぎてしまう

よしこちゃんは、保育園の帰りに、お友だちのかけるちゃんとそれぞれのお母さんとレストランで食事をしました。お母さん同士、子ども同士、お互いが話に花を咲かせていると、よしこちゃんとかけるちゃんは楽しくなってきて、話す声がだんだんと大きくなっていきました。まわりのお客さんは驚いて２人の様子をうかがっていますが、２人はそのことに気がつかず、大きな声を出して話し続けています。

かけるちゃんが家でテレビを見ていると、好きなヒーロー番組が始まり、部屋の中を走り回ったり、おもちゃを手に持って振り回したりしてはしゃいでしまいました。かけるちゃんは勢いよく走ったまま机にぶつかり、転んでしまいました。

基本行動スキル「対人関係・集団に参加する」

チェック！
- □ 友だちと親和的に遊ぶことができるか
- □ まわりの動きを見て判断して行動することができるか

感情抑制スキル「感情を処理する」

チェック！
- □ 自分の気持ちを表現することができるか
- □ 自分の気持ちをコントロールすることができるか

Point
ポイント

嬉しい・楽しい気持ちが抑えきれず、まわりが見えなくなってしまう

遊びや活動が楽しく、はしゃぎすぎてしまう理由として、①遊びや活動に夢中になり、まわりが見えなくなってしまう、②嬉しい・楽しい気持ちを適切に表現することができない、③嬉しい・楽しい気持ちを抑えることができないなどが考えられます。

遊びや活動に夢中になり、まわが見えなくなってしまう場合には、相手の表情や周囲の環境などを見るよう声をかけ、どうするべきか判断させましょう。子どもがまわりの様子を見ても適切な判断ができない場合には、大人が周囲の様子を説明したり、ふさわしい行動を教えるとよいでしょう。

嬉しい・楽しい気持ちを適切に表現できない場合には、「○○ちゃんと一緒に遊べて楽しいね」「△△君の好きな番組始まって嬉しいね」と子どもの気持ちを代弁するようにしましょう。適切な表現の仕方を大人が手本になって教えていきます。

嬉しい・楽しい気持ちを抑えきれずにいる場合には、「もう少し小さな声で遊ぼうね」「テレビは座って見ようね」と過剰な行動を抑えるよう促したり、場所や活動を変えて気持ちを切り替えさせたりするようにしましょう。

Try
トライ

まわりの様子を見て行動すること、楽しい気持ちを処理することを教える

❶楽しくてはしゃぎすぎてしまっているときには、まず大人が声をかけ、周囲に目を向けさせましょう。自分のいる場所や、自分の行動を振り返らせたりするようにします。

❷それでもはしゃぎすぎてしまうときには、大人が周囲の状況や適切な振る舞い方を教えます。手本とな

るお友だちの行動を真似させたり、「お店の中だから、静かにお話ししようね」とことばで伝えたりするとよいでしょう。

❸はしゃぎすぎて危険なときや、どうしても落ち着かないときには、一度その場から離れさせます。離れた場所で静かにできる遊びを行ったり、落ち着いてから再び活動や遊びに参加させたりするようにするとよいでしょう。

アドバイス

遊びや活動の前に約束しましょう

嬉しい・楽しい気持ちで遊んだり活動に参加したりできることは、大人にとっても嬉しく微笑ましいことですが、ときに危険なこともあります。子どもがはしゃぎがちな遊びや活動を行う、あるいはそういった場所に行くというときは、事前に伝えるようにしましょう。その際、「今から○○君の好きな△△が始まるね。見たい人はソファに座って見ようね」などと事前に約束をするとよいかもしれません。

アドバイス

大人がはしゃぎすぎないようにしましょう

はしゃぎすぎている子どもに声をかけるときには、まわりの大人は冷静に対応するよう心がけましょう。気持ちに寄り添おうと大人が子どもと同じような雰囲気で話しかけてしまったり、過剰に心配しすぎたりすると、より興奮してしまうことが考えられます。子どもがはしゃぎすぎてしまっているときほど、大人は冷静な対応を心がけましょう。

case 10

幼児期

パターン行動を止められるとパニックになる

場や状況に応じて自分の行動をコントロールできない

はるき君は、ドアを閉める、というこだわりをもっていて、家や通っている幼稚園などで開いているドアがあると、閉めて回ります。

あるとき、いつものように幼稚園でドアを閉めようとすると先生に「今からお客さんが来るから開けておいてね」と止められてしまいました。すると、はるき君はパニックになり、その場で泣いて暴れだしました。

基本行動スキル 「対人関係・集団に参加する」

チェック！

- □ 遊びや活動のルールを理解して参加することができるか
- □ まわりの動きを見て判断して行動することができるか

感情抑制スキル 「感情を処理する」

チェック！

- □ 過敏な反応を抑えることができるか
- □ 自分の気持ちを適切に表現することができるか
- □ 自分の気持ちをコントロールすることができるか

Point ポイント

パターン行動を突然止められると、衝動を抑えることが難しい

自分のパターン行動を止められるとパニックになる理由として、①遊びや活動のルールを理解して参加することが難しい　②周囲を見て、その状況に応じた行動ができない　③突然行動を止められた戸惑いなどの気持ちを適切に表現することができない　④言われたように行動を止めたり、それを止められた気持ちを抑えたり、気持ちや行動のコントロールができないなどが考えられます。

遊びや活動のルールを理解して参加することが難しい場合には、まずは大人と一対一で、子どもが守ることのできそうな約束を交わします。そして、守ることができたら、ほめてあげたり、子どもが好きな遊びをできる時間をつくったりしましょう。徐々に約束を増やしていったり、難易度を上げていき、ルールや約束を守ることを教えるようにしましょう。

周囲を見て、その状況に応じた行動ができない場合には、「○○君は何をしているかな?」などと声をかけて周囲のお友だちの行動に注意を向けさせ、同じように振る舞うよう促しましょう。

突然行動を止められた際に戸惑いなどの気持ちを適切に表現することができない場合には、子どもの気持ちに寄り添い、「やりたかったことを急に止められてびっくりしたよね」と代弁し、気持ちの表現の仕方を教えましょう。

言われたように行動を止めたり、それを止められた気持ちを抑えたり、気持ちや行動のコントロールができない場合には、別の遊びや活動、行動を行って気持ちを発散させたり、落ち着かせたりするよう促しましょう。こうした経験を増やし気持ちや行動をコントロールする練習をさせ、がまんできたり、切り替えができたりしたら、ほめるようにします。

Try トライ ルールや約束を決め、それを守ることを教える

❶突然行動を止められたため、はるき君はパニックになってしまったと考えられます。普段からドアを閉める際には「閉めていい？」と大人に許可を得るように教え、「今日は○回までなら閉めていいよ」「○時から○時までは開けておいてね」など制限を設けたりするなど、ルールや約束を決め、それを守ることを教えていきましょう。

❷予定の変更など、いつもと同じ行動パターンが取れないときは、事前に伝えるようにしましょう。「今日は○○をしようね」など、代わりに何をするかも一緒に話し合って決められるとよいと思います。本人が納得できる約束を交わすようにします。

❸ルールや約束を守ることができたときには、その子どもの好きな活動をしたり、おやつの数を増やすなどご褒美をあげたりして、たくさんほめてあげましょう。パターン行動に限らず、ルールや約束を守ることの大切さを教えていきましょう。

アドバイス こだわり行動にこだわらないようにしましょう

こだわっているパターン行動をやめさせようと執拗に注意したり、パニックになっている子どもを厳しく叱責し続けたりすると、余計に強くこだわるようになったり、より過敏に、過剰に反応するようになったりします。

約束は約束だ、という一貫した態度を示したり、適切な振る舞いを示しているお友だちをほめたりして、できるだけ子どもが周囲の状況に目を向けられるよう接しましょう。子どもにとってパターン化している行動をすぐに止めることは難しいので、少しずつ減らしていけるよう、根気強く付き合っていきましょう。

case 11
小学校
低学年期

友だちに対する文句が多い

間違ったことを言ってしまった友だちに対し、すぐにダメ出しをする

小学校１年生のたかし君は授業中に間違った答えを言った友だちに対して「全然違うよ」とダメ出しをしてしまいます。また、給食当番で給食を盛るときには「お前はご飯をよそうのが遅いからやらないでよ」と友だちに対して言ってしまいます。

基本行動スキル 「主張する」

チェック！
- □ ダメ出しではなくやさしい言い方ができるか

感情抑制スキル 「表情から相手の感情を推し量る」

チェック！
- □ 相手の表情を見て判断できるか
- □ 強く指摘したい気持ちをがまんできるか
- □ 言われた相手の気持ちを考えることができるか

Point
ポイント

指摘したい気持ちが強く、言われた相手の気持ちを考えることが難しい

友だちが答えを間違えてしまったり、友だちの振る舞いに対してダメ出しをしてしまう理由として、①本当は自分がやりたかったり、何か思い通りにしたかったにもかかわらずできない　②ダメ出しをすることで友だちがどのような気持ちになるか考えられない　③自分の考えや思いを強く主張するために極端な表現で言ってしまうことなどが考えられます。

ダメ出しの多い子どもの中には、気持ちが冷静な場面（クールな場面）ではどのように振る舞えばいいかわかるものの、自分が言いたい・やりたいという気持ちが高まっている場面（ホットな場面）では、自分の気持ちを抑えきれずにダメ出しをしてしまうことがあります。また、このような子どもの中には、先生から言われたルールやクラスの決まり、自分自身が決めているルールを厳格に守り、友だちがそのルールを守っていないと警察官のように「〇〇はいけません。△△をしなさい。」と厳しく注意してしまうことがあります。ルールを守るということに固執するあまり、言われた友だちがどのような気持ちになるかを考えることが難しく、過剰なダメ出しとなってしまうのです。

Try
トライ

指摘したい気持ちをがまんする練習をする

❶挙手をしてから発言をする練習をしましょう。ダメ出しをしたいときに、手をあげるという動作をとりいれて一呼吸置くことで、自分の言おうとしていることを振り返ることができ、冷静な気持ちで指摘することができます。挙手をせず、あるいは挙手はしたものの先生から発言を許される前にダメ出しをしてしまったときには、「言いたいことがあるときはどうするんだっけ？」とルールを思い出すきっかけ

を与えるようにしましょう。

❷間違いを指摘したい・思い通りにしたいと気持ちが高まっていて、友だちに対して過剰なダメ出しをしてしまったときには、「○○君はこう思ったから言ったんだよね」とダメ出しをしてしまった理由を言語化して理解を示したうえで、「でもそういう言い方をしたら友だちはどう思うかな?」と冷静な口調で尋ねてみましょう。叱るような口調で話をすると、余計にヒートアップしてしまい、自分の発言や相手の気持ちについて考えることが難しくなってしまうかもしれません。

❸冷静になって自分の振る舞いや相手の気持ちについて振り返ることができたら、どのような言い方をすれば友だちが嫌な気持ちにならずに指摘することができたかを考えさせてみましょう。もし本人が思い浮かばなかったときには、どのように言えばよかったのかを具体的に(「○○って言えばよかったね」と)教えましょう。

アドバイス

「注意をするのは先生のしごと」とルールを決めましょう

指摘をしたい気持ちを抑えつつやさしいことばで注意する、という二つのことを同時に行うことはなかなか難しいものです。まずは、「注意をするのは先生の仕事」というようなクラスのルールを決めて、先生に報告する練習をすることで、その場ですぐに友だちに指摘したい気持ちをがまんする練習をするとよいかもしれません。そして言いたい気持ちをがまんすることができるようになったあとで、次にやさしい言い方をする練習をしていきましょう。

case 12
小学校
低学年期

集団場面で身勝手なことをしてしまう

自分のやりたいことがあるとすぐに席を離れてしまう

小学１年生のゆうき君は、授業中に突然席を離れてロッカーに物を取りに行ったり、えんぴつを削りに行ったりすることがあります。また、問題がわからなくなるとすぐ先生のところに歩いてきて質問をします。そのたびに「授業中だから席に着いて！」と注意をするのですが、なかなか改善されません。

最近は「あっ！」と言って教室を勝手に飛び出してしまうこともでてきました。

基本行動スキル「お願いする・対人関係・集団への参加」

チェック！
- □ 自分がしたいことを要求することができるか
- □ 遊びや活動のルールを理解して参加できるか

感情抑制スキル「感情を処理する」

チェック！
- □ 過敏な反応を抑えることができるか
- □ 自分の気持ちを表現することができるか
- □ 自分の気持ちをコントロールできるか

Point ポイント

集団生活のルールが理解できないタイプと理解しても守れないタイプがある

勝手に何かを始めたり止めてしまったりするなど、集団生活でのルールを守るのが難しい子どもには、ルールが理解できていないタイプと、理解していても行動や感情のコントロールが難しくルールを守れないタイプがあります。

まずは、本人がルールを理解しているかどうかを確認しましょう。「今は何をするんだっけ？」の問いに答えられない場合は、その場でのルールについて繰り返し教えましょう。その際は、「○○のときは△△してね」とどの場面でそのルールを使ったらよいかわかるように伝えましょう。

また、ルールはわかっているものの感情・行動のコントロールが難しくルールを守れずに行動してしまう子どもには、自分のやりたいこと・やりたくないことをまず他者に伝えさせていくことが大切です。本人の気持ちや欲求をことばで表現させることは、行動・感情のコントロールにつながっていきます。

他者に伝えることを学ぶはじめの段階では、本人が他者のことばで伝えることができた際、できるだけその希望に応えることが必要です。「○○してもいい？」とことばで伝えてきたことに対して「どうぞ」と許可を与えてましょう。そして、その機会を通してやるべきことを少しずつ実行してもらうために、交渉をすることを促しましょう。しかし、危険な状態になる行動などに対しては、「○○はやってはいけません」と具体的にやってはいけない行動を伝えていくことが必要です。

また、他者に自分の気持ちを伝えていくためには、日頃から「できた」ことの報告をさせていくことも大切です。報告をすることによって、他者とのかかわりの中で活動を終了することを学ばせていくのです。

Try トライ

他者との交渉によって自分の要求を実現することを学んでいく

❶自分の欲求（やりたいこと・やりたくないこと）をことばで伝えさせましょう。ルールや活動に沿わずに勝手に自分本位な言動をした際は、「どうしたの？」「何がしたいの？」と聞き、ことばでの表現を促しましょう。

❷他者に伝えて、「許可」を得てから行動することを身につけていきましょう。子どもが自分の気持ちややりたいこと・やりたくないことを伝えることができた場合は、まず「いいよ」と許可を与えます。そうすることで、自分の行動・感情をコントロールして相手に許可を得てから行動する経験を積んでいきましょう。

❸自分の気持ちを他者にことばで伝えられるようになったら、次は子どもと交渉をしていきましょう。具体的には「○○してからなら、△△していいよ」などのように交渉し、本人の納得を得たうえで本人に必要なことをさせます。子どもが何をしたかったのか伝えることができたら、「じゃあ、○○をやってからね」と条件を出したり、やりたくないという申し出には「この一つだけがんばったら終わりにしていいよ」という対応をとることができます。そのような対応を通して、適切な表現をすることによって他者が交渉に応じてくれるということを学ばせましょう。

アドバイス

ほめることで行動を強化しましょう

ルールに沿った行動をさらに強化するためには、やはり「ほめる」ことが大切です。「ほめる」ことによって、子どもは「ルールにしたがえた」という達成感を得ることができ、それが次の機会への「ルールにしたがおう」というモチベーションになります。また、まわりの子どもたちも、ほめられている子どもを認めるようになります。

case 13
小学校
低学年期

他者の言動に対して怒りをぶつけてしまう

自分のいつも座っている席に、他人が座っているのを見ると怒り出す

学級での班活動で、だいすけ君は、いつも座っていたイスにけんた君が座っているのを見て怒りだし、「座るなよ」とけんた君を押してイスから立たせようとしました。

この班活動では特に席を決めず、自由に座っていいことにしていたのですが、だいすけ君は「けんた君が意地悪をしている！」と怒っています。

基本行動スキル 「主張する・問題を解決する」

チェック！
- □ やさしい言い方で相手に伝えることができるか
- □ 問題の解決策を考えられるか

感情抑制スキル 「感情を処理する」

チェック！
- □ 過敏な反応を抑えることができるか
- □ 自分の気持ちを適切に表現することができるか

Point ポイント

相手の勘違いや、その言動が自分の思いと食い違っている

相手に対して怒り出す場合には、①相手の言動を勘違いしてしまっている場合　②相手の言動が自分の思いと大きく食い違ってしまった場合　③からかわれたり、いじめられたりした場合などが考えられます。

まずは本人をクールダウンさせ、怒った理由を探ることが大切です。一方で、理由はどうあれ、このような場面で相手に攻撃的な言動をとってしまうとトラブルが大きくなってしまいます。感情が爆発しそうになっていることに事前に気がついた場合は、早めに適切な行動をとるように誘導したり、他のことへ気をそらせたりして誘導しましょう。

また、感情が爆発してしまっている場合は、一旦その場から離してクールダウンをさせるなどして、本人・周囲に危険がないように対応することが第一です。

Try トライ

怒りが込み上げてきたら10秒数えさせ、それからことばで伝えさせる

❶怒りが込み上げてきたとき、まずは10秒数えさせましょう。このワンクッションが大切です。

❷自分は今「怒っている」ことをことばで伝えさせましょう。それによって必要以上に攻撃することを避けられます。また、相手も本人の思いを知ることができれば余裕をもって対応ができます。子ども同士でのやり取りが難しい場合は、まずは近くの大人に言いに来るなどルールを決め、対応しましょう。

また、ことばで感情を伝えられるようになったら、徐々に「やさしく言ってごらん」と、相手にやさしい言い方で伝えられるようにうながします。

❸相手に「どうして○○したの?」と尋ねるようにさせましょう。怒り出す原因のうち、他者の言動を勘違いしている場合は「場面の理解の悪さ」、「人の

気持ちの理解の悪さ」が背景にあります。「どうして○○したの？」と相手に尋ね、相手が対応することによって勘違いによる怒りを解決できることもあります。

❹怒りをぶつけるよりも、❶〜❸のように行動したほうがトラブルが大きくならないことを実感させていきます。そのためには❶〜❸の行動ができた際に「△△したから、ケンカにならなかったね」などと伝えることも有効でしょう。また、「どうすればよかったかな」と問いかけ、言動や状況を振り返り、解決策を考える経験もつんでいきましょう。

アドバイス 状況や他児の言動の勘違いについて確認・修正しましょう

本人の勘違いは、大人が一緒に捉え直しをしてあげることも大切です。まずは「どうして怒ってしまったの？」「何がしたかったの？」と本人の思いを尋ねて、本人の怒りの原因を探ります。そのあと、「○○だから怒ってしまったんだね」「△△したかったんだね」と本人の気持ちをまとめて確認しましょう。そのうえで、「○○では△△でいいんだよ」などとその場面のルールなどを教えましょう。また、「○○君も意地悪をしようとして△△したんじゃないんだよ」などと他児の言動や気持ちについても伝えましょう。

case 14
小学校
低学年期

1番にならないと気がすまず泣き出す・怒り出す

プリントでもかけっこでも いつも1番にならないと泣き出す

小学2年生のさとし君は、いつも1番にならないと気がすみません。授業中プリントを提出するときも、1番になるためにいつも急いで問題を解きます。

運動があまり得意でないさとし君は、かけっこをすると友だちに負けてしまいます。するといつも「1番じゃなきゃダメなんだぁ～」と大声で泣き出してしまいます。

基本行動スキル 「対人関係・集団に参加する」

チェック！
- □ 勝敗を受け入れることができるか
- □ 周囲の雰囲気や状況を見て行動ができるか

感情抑制スキル 「感情を処理する」

チェック！
- □ 過敏な反応を抑えることができるか
- □ 自分の気持ちをコントロールできるか

Point ポイント

負けたときに泣いたり騒いだりする子どもは、結果のみに着目していることが多い

1番になれなかったときや競争や勝負に負けてしまったときに、泣いたり騒いだりする子どもは「1番＝良いこと、1番以外＝悪いこと」「勝ち＝良いこと、負け＝悪いこと」と結果のみに着目してしまうことが多々あります。そのため、1番になれなかったり、負けてしまったりすると、勝負の結果を受け入れられなかったり、それだけで自分をダメ人間であると考えてしまったりします。それが、自分の気持ちのコントロールができずに泣いたり騒いだりするという行動につながってしまうのです。

また、次第に「負けるから／うまくできないからやらない」と遊びや活動への参加を渋るようになりがちです。

Try トライ

気持ちを表現するきっかけをつくり、活動の中でがんばること（目標）を意識できるようにする

❶負けたり、うまくいかなかったりして泣いて騒いだ場合には、「どうしたの？」と声をかけ、本人の気持ちをことばにするきっかけをつくりましょう。気持ちが高ぶってしまいことばで表現するのが難しい場合は、大人が代わりに「○○なんだね」とことばで気持ちを表現してあげましょう。また、「そういうときは、ことばで気持ちを言ってみよう」と伝え、少しずつことばで感情を伝えられるように促します。

❷活動や勝負の結果だけに注目させるのではなく、その過程でがんばることを明確に目標とすることで、活動や勝負の過程にも目を向けさせるようにしましょう。その目標を達成できたかどうかを評価することで、結果にかかわらず本人が達成感を得ること

ができます。

❸「仕方がない。△△だけど、大丈夫」という気持ちの切り替え方を教えていきましょう。それによって徐々に競争や勝負に負けても気持ちを安定できるようにしていきましょう。また、周囲の状況に目を向けさせ、次の活動に気持ちを切りかえられる働きかけもしていきましょう。

アドバイス 気持ちのじょうずな切り替え方を身につけていきましょう

じょうずな気持ちの切り替えのためには、①うまくいかなかった原因を知ること、②次はどのようにしたらじょうずにできるのか見通しをもつことが必要です。じょうずな気持ちの切り替えができない子どもは、できなかった原因と解決策を考えられず結果のみに着目していることが多いのですが、一方でさまざまな場面で失敗経験を重ねてきている場合もあります。そのため、日頃からできたことに対して、「〇〇したからうまくできたね」と評価をしていくことも大切です。

case 15
小学校
低学年期

失敗をしたときにとても悲しい気持ちになってしまう

一度の失敗に対し、とても悲しい気持ちになってしまう

小学校１年生のしんご君は学校での漢字テストに向けて一生懸命練習をしてきました。しっかりとできていた自信はあったものの、テストが返却されると 100 点満点の 20 点。

返却されたテストを眺めながら「ぼくは勉強してもできない」「馬鹿なんだ」とたいへん落ち込んでしまいました。

基本行動スキル　「問題を解決する」

チェック！
- □ 能力に適した目標を設定することができるか
- □ 失敗に対して複数の解決策を考えることができるか

感情抑制スキル　「不安に対処する・自分の気持ちを適切に表現する」

チェック！
- □ 過去の経験を振り返ることなく、目の前の失敗のみに気持ちをむけることができるか
- □ 失敗したと感じた気持ちを言語化できるか

Point　自身の能力に帰属することで、失敗に対してひどく落ち込んでしまう

一度の失敗に対し、ひどく落ち込んでしまう子どもは、失敗の積み重なりにより、学習性無力感へと陥り、「自分はダメな人間だ」「自分は何をしても失敗してしまう」という感情を抱いてしまうことが少なくありません。そして、そのような考え方が次の失敗を招くという負の循環に陥ってしまうこともあります。

　このような感情を抱いてしまう子どもたちの理由として、「すべての原因を自身の能力に起因してしまう」ことがあげられます。特に小学校低学年の場合には誰もが同じ能力をもっていると考えていることが多く、「自分に能力がないから失敗してしまうのだ。」「ほかの人ならじょうずにできるのに、自分だから失敗してしまうのだ」などと思い込んでしまいます。しかし、多くの失敗は子どもたち自身の原因だけでなく、さまざまな環境が関係して起こるものです。

　また、このような感情を抱いてしまう子どもたちは、目の前の失敗によって過去の失敗がフラッシュバックし、気持ちが大きく落ち込んでしまうことがあります。自身が何を失敗したのか、どうして失敗したのかを実際に起こっている失敗にのみ焦点を絞って考えるようになることが大切になります。

Try　目の前の失敗に焦点化する練習をする

❶まずは、失敗と感じていることが何であるかを明確にすることが大切です。過去の経験とつなぎ合わせることなく、目の前の失敗が何であるかに焦点化できるように練習をしていきましょう。そのためには、失敗と感じたことを言語化できるようになることが重要です。子ども自身がじょうずにに言語化ができない場合には「何を失敗してしまったの？」

ける ことも必要です。

「○○を失敗してしまったのかな？」などと声をかけることも必要です。

❷目の前の失敗が何であるかを明確にできたら、その理由について考える練習をしましょう。子どもが失敗と感じている状況を整理し、子どもたちが自身の能力以外の原因をあげられるようにしていきましょう。ことばだけでなく、文字として書き出すと、原因を自身の能力以外にもあることがわかりやすくなり、失敗に対する負の感情も軽減されます。

❸失敗の理由を整理することができたら、具体的にどのような解決方法があるかを考えていきます。その際には、失敗を時系列に表し、時間の流れの中でどのような解決方法があるかを考えていくことが大切です。❷で整理した複数の原因に対応する形で解決方法を考えることで、子どもたちの不安は次第に軽減されていきます。また、その際に「目標の設定は適切であったか」確認をしましょう。自身の能力に適した目標の設定ができることで、失敗と感じる経験を減らすことができます。

アドバイス

失敗と感じたときにはすぐに報告をすることをルールとしましょう

失敗にひどく落ち込んでしまう子どもたちの心配な点は、心の中で抱え込んでしまうことで、自己嫌悪に陥っていってしまうことです。子どもたちが「失敗した」と感じたことについては些細なことであっても報告をする習慣をつけ、失敗に対する考え方を身につけたり、解決方法のバリエーションを増やしていけるようにしましょう。子ども自身から報告をすることができない場合には、「下校前に先生と一日の学校生活を振り返る」時間や「就寝前にお父さん・お母さんと一日の生活を振り返る」時間を設定し、まわりから働きかけることで、子どもたちが失敗と感じたことを素直に打ち明けられる場面をつくることも大切です。

case 16

小学校
低学年期

自分のしたことを認めず言い訳をする

いけないことを注意されたときに、すぐに言い訳をする

小学校１年生ののぼる君は友だちに意地悪をしてしまったことに対して先生から注意を受けているときに「でも、ひかる君もやっていた」と言い訳をしたり、「僕はそんなことやっていない！」とごまかそうとします。

基本行動スキル 「謝る」

チェック！

- □「ごめんなさい」や「すみませんでした」の謝罪のことばが言えるか
- □ 自分がしてしまったこと（言ってしまったこと）を正確に言語化できるか

感情抑制スキル 「気持ちをコントロールする」

チェック！

- □ 注意を受けることに対する不安を抑えることができるか
- □ 状況を理解するために冷静になることができるか
- □ 言い訳をしたい気持ちをがまんすることができるか

Point
ポイント

注意を受けることに対する不安が強く、素直に否を認めることが難しい

子どもたちが過ちや間違いをしてしまったときに言い訳をしたり、ごまかしたりする理由として、注意を受けることに対する不安が強いことが考えられます。「やってしまって（言ってしまって）いけなかった」という謝罪の気持ちを抱いているものの素直に「ごめんなさい」や「すみませんでした」のことばが言えないのです。

言い訳をしたりごまかす子どもたちは、本来注意を受けるべき内容に加えて、「言い訳をしたこと」「ごまかしをしたこと」に対する注意を受けてきていることが多いのです。このような経験を積み重ねることで、子どもたちは素直に否を認めることがさらに難しくなってしまっている状況にあります。

Try
トライ

誤りや間違えを認める練習をする

❶まずは注意を受ける場面で最後まで話を聞く練習をしていきましょう。話を最後まで聞くことで「何がいけなかったのか」が明確になるとともに、自分の気持ちを落ち着かせる時間を確保することができます。注意を受け始めたときには「でも……」「だけど……」と言い訳をしたくなっていた気持ちも時間をかけることで少しずつ落ち着いてくるでしょう。

子どもたちが途中で、「でも……」「だけど……」と言い訳やごまかしをしそうになったときには、そのことを注意するのではなく、「まずは先生の（私の）話を最後まで聞いて欲しいな」と落ち着いて声をかけましょう。途中で注意を与えると、子どもたちはさらに自分の否を認めることに対して不安を抱くことになってしまい逆効果です。

❷子どもたちが最後まで話を聞くことができたうえ

で、子どもたち自身が「何をしてしまった（言ってしまった）のか」「どうしてやってしまった（言ってしまった）のか」を言語化する時間を設けましょう。自身の言動を振り返ることで、本来注意を受けるべき内容を振り返ることができ、冷静に注意を受け入れる気持ちになります。また、子どもが言い訳したりごまかそうとした場合には、「本当にそうだったのかな？」と冷静に声をかけましょう。「それは違うでしょ！」「言い訳をしないの！」などと注意を与えることは子どもたちが自らの否を認めることの妨げとなってしまいます。

❸子どもたちが自分の否を認められて話ができた場合や、素直に「ごめんなさい」や「すみませんでした」が言えた場合には、否を認めることができたことに焦点化して子どもたちをほめてあげましょう。「やってしまった（言ってしまったこと）を正直に話してくれてうれしかったな」「やってしまった（言ってしまったこと）を認めるのは勇気が必要だったよね」などと声をかけることで、子どもたちが抱える否を認めることに対する不安が和らいでいきます。

アドバイス

言い訳や誤魔化しができない状況把握をしましょう

誤りや間違いを認めることは子どもたちにとって非常に勇気のいることです。もしも子どもたちが言い訳やごまかしをして注意を逃れる経験を重ねていけば、素直に否を認めないようになってしまいます。そのようなことが起こらないためにも、注意する側がしっかり内容を明確に把握しておきましょう。

そして、注意する側が子どもたちに冷静に話をすることで、子どもたちは素直に否を認めていけるようになっていきます。

case 17
小学校低学年期

自分の主張を変えようとしない

自分の考えを曲げない

体育の時間、チーム対抗戦でリレーをすることになりました。２色対抗戦で、たくや君は赤組です。赤組は少しの差で白組に負けてしまいました。するとたくや君は「白組はズルして勝った！」と言い出しました。「ズルはしてないよ」と白組の友だちが言っても、「白組ズルい！」と主張を変えません。

基本行動スキル「関係を維持したり、より良い関係にしたりする」

チェック！
- □ 自分の思いと違っていても相手の気持ちを理解して受け入れられるか

感情抑制スキル「感情を処理する」

チェック！
- □ 相手の表情の違いに気づくことができるか
- □ 他者の視点に立つことができるか
- □ 気持ちを整理することができるか

Point ポイント
自分を中心に考えてしまい、相手の気持ちを考えることが難しい

明らかにうまくないことをしていても自分の考えを通してしまう理由として、①感情がコントロールできず、気持ちのままに行動してしまう　②相手の気持ちがわからない　③相手の気持ちがわかっていても、自分の気持ちを中心に考えて行動してしまう、などが考えられます。

まずは、どのような理由で不適切な主張をしているのかを見極めましょう。同じ行動でも理由が異なることで対応の仕方は異なるものになります。

自分の感情のままに行動してしまっているのであれば、まず落ち着き状況を把握することが必要になります。相手の気持ちがわからないのであれば、自分が相手の立場だったらどう思うかなどを考えていくことが必要でしょう。相手の気持ちがわかっていても不適切な行為をしてしまうならば、自分の気持ちの適切な表現の仕方がわからないのかもしれません。

Try トライ
自分の気持ちを処理し、相手の立場に立つ練習をする

❶嫌な気持ちになったときには、どのような方法なら落ち着くことができるか考えておきましょう。（大きく深呼吸したり、目をつぶってゆっくりと10を数えるなど）嫌な気持ちになったときには、そのような方法を取ることを約束しましょう。

❷明らかにうまくないことをしていても主張を変えられないときには、約束したことを確認し、一度冷静になる時間をつくりましょう。冷静になったところで、「くやしかったのかな?」「どうして○○と言ったの?」と自分の言動を振り返るきっかけをつくりましょう。気持ちには共感しつつも、不適切なことばであることを伝えましょう。

❸自分の気持ちを整理したところで、まわりの友だちの表情を振り返る機会をつくりましょう。「たくや君が〇〇って言ったときみんなどんな風に思ったかな？　どんな顔してた？」とまわりに目を向けるように声がけをすることで、相手の立場に立って考える練習をしていきましょう。難しいようであれば、「たくや君が友だちから同じことされたらどう思う？」と〝自分だったら〟と考えることが有効です。

アドバイス　適切な行動を一緒に考えてみましょう

相手の気持ちをわかっていながらも、不適切な主張を曲げないこともあるかもしれません。その原因としては、自分の気持ちの行き場がなく、不適切な行動で発散してしまう、適切な表現の仕方がわからない、ということが考えられます。

その際には、気持ちを共感しつつ、適切な行動のバリエーションを増やすことに焦点を当てましょう。「どうすればよかったかな？」のように声をかけ、どんな行動をすれば適切であったのか一緒に考えましょう。このような行動をする子どもたちは、行動のバリエーションが少ないことが考えられます。日頃から、〝こんなときどうする？〟とゲーム感覚で知識を増やしていくことが有効でしょう。

case 18
小学校
低学年期

イライラすると物にあたる、飛び出してしまう

感情が高まるとがまんできず物を蹴ったり飛び出したりする

りょうへい君は、班の代表になりたがります。先生が「班で1人○○を取りに来てください」と言ったので、班のみんなでジャンケンすることになりました。りょうへい君は負けてしまい、まきちゃんが取りに行くことになりました。ジャンケンで決めたのですが、自分の希望通りにならないことにイライラして物にあたってしまったり、教室を飛び出してしまったりします。

基本行動スキル 「問題を解決する」

チェック！
- □ 解決策を考えることができるか
- □ 最も良い解決策を選ぶことができるか

感情抑制スキル 「感情を処理する」

チェック！
- □ 過剰な反応を抑えられるか
- □ 怒りや不安に対処できるか
- □ 自分の気持ちを適切に表現できるか

Point ポイント

適切な気持ちの表現ができず、イライラが行動に出てしまう

ストレスフルな状況にがまんできず、物にあたってしまう理由として、①自分の思い通りにならないことに対してストレスを感じやすい　②思い通りにならないことがあると気持ちが抑えきれなくなり、過剰に反応することでイライラを表現している　③沸き起こった嫌な気持ちに本人も困惑している　④自分の不安定な気持ちをことばなどで適切に表現できない、などが考えられます。

不快な気持ちになることは当然のことです。しかし、その気持ちを物にあたることで表現していることに問題があります。不快な気持ちになっていることを自覚し、落ち着かせることができること、不快な気持ちを行動ではなくことばで伝えられるようになることが重要です。

Try トライ

不快な気持ちを自覚し落ち着かせ、その気持ちをことばで表現する練習をする

❶物にあたってしまったり飛び出してしまったりしたときには、まず自分の行動について振り返り、その行動が正しいか振り返る機会をつくりましょう。

❷本人の言い分を聞きましょう。ことばで説明できない場合は「○○がくやしかったのかな？」「○○が悲しかったのかな？」とことばの表現の選択肢を提示しましょう。このように、自分の気持ちをことばで表現するきっかけを与えるようにしましょう。選ぶことに慣れてきたら、「どんな気持ちだったの」と聞いて自らのことばで表現することを促しましょう。そして、気持ちを表現できたら受け止め、物にあたらなくても、不快な気持ちは表現できることを教えましょう。

❸落ち着くための手段（大きく深呼吸、目をつぶって

ゆっくりと10数えるなど）の中から本人に合ったものを一緒に選びましょう。イライラしたときにはその方法を取ることを約束しましょう。

❹実際にイライラしているときに、約束したことを確認しましょう。落ち着くことができたらほめてあげましょう。

アドバイス

落ちつくための手段を練習してみましょう

もしも、イライラしてしまったらという場面設定をして、落ち着くための手段を練習してみましょう。イライラの大きい順（5～1）に番号をつけて、「今は何番？」と、イライラの度合を自覚できるように練習しましょう。5の場合は、いったんその場から離れて気持ちをリセットすることが必要かもしれません。5になったら行く場所（保健室、自分の部屋など）をあらかじめ決めておくことも有効でしょう。

case 19
小学校
低学年期

苦手なことに拒否反応を示す

苦手な体育の授業になると、座り込んだり、机に伏せたりする

小学２年生のたかひろ君は、体育が嫌いで、特に走ることや鉄棒が苦手です。体育の時間になるといつも、教室や運動場で座りこんだり、机に伏せたりして、まったく活動に取り組もうとしません。担任の先生に「早くしなさい」「とりあえず外に出なさい」と言われても、その場から動かずに首を横に振ったり、「イヤだ」「絶対にやらない」と言ったりします。

基本行動スキル「問題を解決する」

チェック！
- □ 解決策を考えることができるか
- □ 最も良い解決策を選ぶことができるか

感情抑制スキル「感情を処理する」

チェック！
- □ 過敏な反応を抑えることができるか
- □ 怒りや不安に対処することができるか
- □ 自分の気持ちを適切に表現することができるか

Point ポイント

不安な気持ちが強く、適切な方法でまわりの人に表現することが難しい

苦手な教科になると、座り込んだり、机に伏せたりする理由として、①過去の失敗経験などの記憶が残っており、苦手という意識や二度と失敗したくないといった思いが強くある　②不安な気持ちややりたくない気持ちをどのように表現すればよいのかがわからない　③自分に自信をもつことができず自己肯定感が低いことなどが考えられます。

苦手意識をもっている本人が誰よりも一番困っており、つらい気持ちでいることを理解し、無理に授業への参加を促したり、強い口調で注意をしたりすることは避けましょう。

本人が「これならやれそう」「これならできる」と思える活動は何かを考え、少しずつ授業に参加できる時間を増やしていく働きかけをしましょう。

Try トライ

無理をせず、まずは活動の一部から取り組む

❶本人の気持ちに寄り添いましょう。やりたくないのには必ず理由があり、他者がその気持ちをわかってくれること、わかろうとしていることが本人にとっては大事なことです。そのことが信頼関係を壊さないことや、安心できる学習環境を保持することにつながります。本人の立場になって、「やりたくないんだね」「今、○○君は□□な気持ちなんだよね」などとことばをかけたり、そばにいって本人のことばを受け止め傾聴したりして、まずは心の支えになりましょう。

❷本人が参加できそうな、取り組みたくなるような活動を考えましょう。なぜ苦手意識をもってしまったのか、前担任や保護者、過去の引き継ぎ資料などから情報を収集し、原因を把握します。また同時に、現在の実態もふまえて、本人の得意な活動、自信を

もって取り組んでいる活動、興味や関心の強いものを把握し、苦手な授業の中に取り入れられそうな活動を、複数の教員で検討してみましょう。その際、授業の中のほんの一部（導入や展開での一コマなど）でもかまいません。設定できそうな活動と捉えるとアイデアを出しやすいかもしれません。

❸本人にとって可能な参加方法をスモールステップで考えてみましょう。子どもによっては、授業のほんの一部に参加することも難しいケースもあります。目の前の子どもにとって、まずどのような形で参加することをねらっていくのかをよく考えることが重要です。そのねらいや参加形態の段階によって、不安の大きさや自己肯定感など心理的な部分への影響が考えられるためです。まずはじめのステップとして、教室の窓から見学することが課題なのか、教室で体育に関するプリントを行うことなのか、校庭で5分だけ見学することなのか、それとも導入の3分だけ参加することなのか、その子どもに応じた無理のない参加方法、短期目標を検討し、本人に提案したり、本人と相談したりしていきましょう。

アドバイス

他のクラスメイトや教員の理解を図るようにしましょう

ほかの子どもの中には「どうしてあの子だけ体育のときいつも見学なの？」「ずるい」などと思う人が出てくるかもしれません。その子だけ特別扱いしているのではなく、その子にとって必要な支援であることを、担任のクラスの児童生徒や、同じ学年の教員などにていねいに伝え、十分にわかってもらうことが大切です。そのことは、本人のための支援につながるだけでなく、他の子どもにとっても人の気持ちを理解する大事な学習機会となります。

case 20
小学校
低学年期

話の途中で出し抜けにしゃべってしまう

出し抜けに、問題の答えや思いついたことを話し始める

授業中に担任の先生が「今から教科書の①番の問題の答えを聞きます」と言うと、その直後にしょうた君は、指名される前から問題の答えを言います。また、先生が教科書を読んでいる最中に、教科書のイラスト（果物や乗り物など）に目がいき、そのイラストにかかわる話（授業に直接関係のない話）を急にしゃべり始めることがよくあります。

基本行動スキル「対人関係・集団に参加する」

チェック！
- □「話していいですか」と許可を求めてから発言することができるか
- □ 周囲の雰囲気や状況を見て行動することができるか

感情抑制スキル「感情を処理する」

チェック！
- □ 過敏な反応を抑えることができるか

Point ポイント

話したいという思いや、自分の興味関心が先走り、まわりの状況を考えることが難しい

指名される前に答えを言ったり、授業に関係のない話を急にしゃべり始めたりする理由として、①話すという行動のブレーキをかけることが難しい　②自分が急に話し始めることでまわりの人がどのように思うかを考えることが難しい　③自分が思いついたことや興味や関心のあるものに注意が集中し、まわりのことを考える余裕がなかなか生まれないなどが考えられます。

子どもの中には、頭ではわかっているのに障害の特性として行動で表れてしまう人もいます。そのため、叱責や注意での対応ではなく、いつ話すことが適切なのかを具体的に伝え、適切なタイミングを少しずつつかめるようにしていくことが大切です。

Try トライ

話をしてよいタイミングをつかめるようにする

❶自分が話したいと思ったときに、「今、話していいですか」「先生、今〇〇のことで思いついたことがあって、話したいのですが」「答えがわかったけど、言っていいですか」などと、一言先生や友だちに伝える習慣をつけていきましょう。今、自分が発言をしてよいのかどうかが少しずつ理解できるようになってきます。まわりの大人は、本人の意思表示があった直後に、今話してよいか、それとも他の時間に話したほうがよいかを明確に伝えるとともに、一言ことばで伝えられたことをしっかりと評価してあげましょう。また、授業中のルールとして予め先生から説明しておくことよいでしょう。たとえば、「自分の意見を言いたいときは、手をあげて、名前を呼ばれてから言いましょう」「自分の順番がきたら言いましょう」などと授業が始まる前に毎回伝え

ることで、少しずつ行動にブレーキをかけることがうまくなってきます。

❷一対一での会話のキャッチボールを意識した練習に取り組んでみましょう。はじめのうちは、たとえば、話す人がカラーボールを持ち、聞く人は何も持たずに相手の話を聞く、自分がボールを受け取ったら話していいといったルールで、「話し手」と「聞き手」の役割・順番を明確化します。それで話していいタイミングがわかるようになり、話していい基本的なタイミングをつかむことにつながります。そして、次第にボールを使わなくとも、相手の話が終わるまでは聞くこと、終わったら話してよいことを理解できるようになってきます。

アドバイス

話すときにブレーキをかけられるものを近くに用意しておきましょう

授業前に伝えていても、自分の興味や関心の強いものに注意が向き、なかなかブレーキをかけることが難しい場合があります。こんなときには、先生に言われていた話すときのルールに注意が向く工夫をするとよいでしょう。たとえば、黒板や本人の机に「話す前に手をあげる」などと書かれた紙（付箋など）を貼っておく、「話したいです」と書かれた札を本人の机に置いておき、話すときにその札をあげるようにするなどの方法があります。このような支援を行うことで、ルールに注意が向きやすくなり、ブレーキが効きやすくなります。

case 21

小学校高学年期

集団の中で、自分勝手な行動をしてしまう

ゲームで自分のやりたいようにしてしまう子ども

くにお君はボーリングゲームの最中に、10本中5本のピンを倒しました。「全部のピンを倒したい」という気持ちを抑えることができず、ほかの人の順番を無視してボールを投げてしまい、まわりの子どもたちから注意を受けてしまいました。その結果、「もうやらない！」と大声で怒鳴り、ボーリングのピンを蹴り倒してしまいました。

基本行動スキル　**「主張する」「対人関係・集団に参加する」**

チェック！
- □ やさしい言い方で言えるかどうか
- □ まわりの動きを見て判断しながら行動できるか
- □ ルールを守れるかどうか

感情抑制スキル　**「感情を処理する」**

チェック！
- □ 自分のやりたいことを少しの間抑えることができるか
- □ 怒りそうになったときに抑えることができるか

「こうなっていないとすまない」というこだわりが強く、そのような気持ちに気づきにくい

気持ちを抑えることができずに、順番を守れないといった背景には、ルールを理解してないか、ルールを理解していてもルールを守ることが苦手な場合が考えられます。前者の場合、予めルールを具体的に設定し、そのルールを守らせるようにしていけばよいでしょう。

後者の場合は、〝こうなっていないとすまない〟という強い気持ち（こだわり）に瞬時に気づくことができず、そのため、順番を守るというルールを忘れてしまうほど注意がまわりに向かなくなっていることが考えられます。

自分のやりたい強い気持ちを少しの間先延ばしするには、次にいつボールを投げたらよいかといった見通しをもつことはもちろんのことですが、自分のこだわる気持ちに気づき、その気持ちを少しの間抱えながら待てるようになることが必要になってきます。

気持ちに名前をつけ、対応を一緒に考える

❶こだわりの気持ちに、名前をつけてみましょう。その際、小学校高学年になると、頭ごなしにこうしなさいと言われると反抗してしまう場合もあることを考慮して、子どもと一緒に考えてみることがポイントになります。合わせて、そのときの名前がお互い笑えるものだと、嫌な気持ちが喚起したときに嫌な気持ちを少しうすめてくれる場合があります。たとえば、ピンがすべて倒れていないと気がすまないときの気持ちであれば、「がんこ君」「完全君」などの名前をつけてみます。

❷気持ちの名前を考えたら、葛藤場面でどのように行動したらよいかを一緒に考えてみましょう。たとえば、どうしてもピンを倒したかったら、「もう1

回投げてもいい？」とまわりの子どもたちに質問するなどのやり方を考えてみましょう。その際に、フローチャート式に対応を紙に書いていくような視覚的な方法を取り入れていくとよいでしょう。フローチャート式で考えていくことで、許可を求めて断られた場合のことも一緒に考えることができやすくなります。

❸実際の場面において、こだわりや不安な気持ちのまま行動に移してしまう前に、先ほどの名前を思い出すように声がけしてみましょう。あるいは、気持ちの名前をイメージ化した絵を目の届くところに貼っておき、その都度それを見るように声がけするのもよいかもしれません。そういった体験を積み重ねることで、自らがこだわりや不安の気持ちへの対処を覚えていくことでしょう。

アドバイス

周囲の子どもにも配慮をしましょう

自分勝手な行動をしてしまう背景には、いろいろあります。自分勝手な行動とはいえ、まわりから注意を受けると、反発心が高まり怒りが込み上げてくるものです。周囲の子どもたちには、注意は先生がするといったルールを理解させておくことも必要になってくる場合があるでしょう。

もう一つの対処方法としては、周囲の子どもたちの成長を促すという視点をもって対応する方法です。どうして自分勝手なことをしてしまうのか、その気持ちをみんなで考える機会をもつことで、周囲の子どもたちの他者理解が促進していくことにつながります。

case 22
小学校
高学年期

相手が怒っているときに謝ることができない

ボールをわざとぶつけたわけではないので、謝れない

そういち君はドッチボールの最中に誤って相手の顔にボールをぶつけてしまいました。相手の子どもは泣いて怒りをあらわにしますが、そういち君はわざとではないために素直に謝ることができず、そのうちに逆ギレをして大声で怒鳴ってしまいました。

基本行動スキル「関係を維持したり、より良い関係にする」

チェック!
- □ 自分の思いと違っていても、相手の気持ちを理解して受け入れられるか

感情抑制スキル「感情を処理する」

チェック!
- □ 相手の表情の違いに気づけるか
- □ 他者の視点に立てるか
- □ 自分の中で対話できるか

Point ポイント

一つの気持ちに固執してしまい、いろいろな面に気づきにくい

自分は悪くないという思いが強いと、素直に謝ることはどうしても難しくなります。自分の中の一つの気持ちに固執してしまうことがその背景にあると考えられます。また、相手はわざとか、たまたま顔に当てたかはわかりません。相手がどう思うかといったことに視点を移すことが苦手な場合もあります。相手の思いをていねいに理解させるやり方もありますが、自分は悪くないという思いが強い場合、なかなかまわりの人からの説明に耳を傾けることは難しいでしょう。

このような場合、相手がどうして怒っているかを考え、自分が悪いから謝るという意味合いにのみ焦点を当てるのではなく、謝るという行為には〝ぶつけて痛かったよね、次はなるべく顔に当てないよ〟という意味合いもあるといった視点をもってかかわることがポイントとなります。

Try トライ

謝ることは人間関係を回復させること。一つ一つ体験させながら、いろいろな感情に気づかせる

❶謝らせることばかりに目が向いてしまうと、支援者とのかかわりも悪くなっていく可能性があります。まずはボールをぶつけてしまった子どもの気持ちに寄り添うことが大切になってきます。その際のポイントとしては、謝るというスキルは、人間関係を回復させるスキルであることを念頭におくとよいでしょう。つまり、謝るのは単に自分が悪いことをしたからだけでなく、人間関係を豊かにするという視点をもたせることなのです。

❷そういった視点から、まずは、ボールを当ててしまった子どもの気持ちを言語化させて、わざと当てていないことを相手に伝えることが必要になってきます。自分が故意にしたのではないことを相手に伝えるだけで、相手もわかってくれる場合があるから

です。

❸自分が故意ではないと伝えるだけで、相手が納得するというのは、子どもの場合だと特に少ないでしょう。その際に、顔に当てられたということを相手は主張してくることが多いでしょう。そうした反応を受けてから、相手は顔に当てられて痛がっていることに気づかせるような声がけをしてみるとよいでしょう。このように、一つ一つ体験的にかかわらせていくことで、自分が悪いから謝るのではなく、故意でなくとも相手の顔に当ててしまって、相手が痛がっているので、謝るということを理解させていけばよいでしょう。

アドバイス

ことばだけでなく、他のやり方も一緒に考えてみましょう

当てたほうばかりに気をとられずに、当てられたほうへの支援も必要でしょう。相手がわざと当てたわけではないことを理解させ、少しでも相手の言い分を聞ける態度を養っていくことが合わせて必要なこともあります。

また、ボールを相手に当ててしまったあと、すぐにことばをかけても、まったく謝ろうとしない場合があります。その場合は、間をおいて、お互いに落ち着いた状態になってから、謝る機会を設けてもよいかもしれません。

そのような場合、ことばで謝らなくても、握手を交わす、何か小物を渡すなど、非言語的な手段を用いて、人間関係を回復することも可能ですので、執拗にことばで言わせようとせずに、他のやり方を一緒に考えてから行うとよいかもしれません。

case 23
小学校
高学年期

他者の言動などに対して必要以上に怒る

友だちの反応に興奮してしまい、気持ちを抑えられない

あやと君はリコーダーの全体練習のときに、大きく音を外してしまいました。もう一度音を出そうとしますが、友だちがクスクスと笑ったことに腹を立て、それ以降うまくリコーダーを吹くことができなくなってしまいました。あやと君は友だちに対して「お前のせいだ」といって激高し、つかみかかり、リコーダーで友だちの頭を叩いてしまいました。

基本行動スキル「主張する」「問題を解決する」

チェック！
- □ やさしい言い方で言えるかどうか
- □ 怒りそうになったときに解決策を考えることができるか
- □ 不快な気持ちを他者に伝えることや、説明することができるか

感情抑制スキル「感情を処理する」

チェック！
- □ 怒りそうになったときに抑えることができるか
- □ 怒りそうになったときに落ち着くための手段をもっているか
- □ 自分の気持ち（不快さ）を適切に表現できるか

Point ポイント
ストレスがかかったときに、感情を処理することができない

他者の言動などに対して必要以上に怒る背景には、ストレスがかかったときに感情をうまくコントロールできないことが関係しています。怒りの感情をコントロールするためには、怒ってしまった場合に落ち着くための手段を身につけ、それを実際に使えるようにしなくてはなりません。また、自分の不快な気持ちを相手に伝えることや、先生や大人に説明できることも重要です。

Try トライ
落ち着くための手段を身につけ、実際の場面で使えるようにする

❶自分が怒ってしまったときの状況を想起させ、そのときにどうしたかを振り返ってみましょう。
❷本人がとってしまった行動が正しいかどうかを一緒に確認してみましょう。
❸本人の言い分にじっくりと耳を傾けましょう。ときには共感することも重要です。
❹落ち着くための手段（大きく深呼吸をする、ゆっくりと10数える、「がまん」と手のひらに指で書いてみるなど）を教えましょう。
❺実際に怒ってしまったら、約束したことを確認させましょう。怒りを鎮めることができたらほめることを忘れないようにしましょう。

アドバイス
落ち着く、発散する方法を実践してみましょう

本人が怒ったときの状況をイメージさせ深呼吸をしてみるなど、実際に練習してみましょう。怒りそうになったら、「そういうことを言わないでください」など、冷静に相手に伝えることを心がけさせましょう。

たとえば家庭で本人の意にそぐわないできごとが起

きて、怒りがこみあげてきそうになったら、「こんなときはどうするんだっけ?」、「落ち着いてゆっくり10数えてみて」など、学校と同じ方法で具体的なことばをかけてみましょう。

もし、興奮が冷めなかった場合には、その場から離れて気持ちをリセットすることも有効です。また、ストレス発散のための別の活動に取り組ませることがよい場合もあります。パズルに取り組む、音楽を聴く、縄跳びをする、ブランコに乗るなど、ストレスを発散させる方法は人それぞれです。本人にとってストレス発散となる活動は何かを周囲も把握しておくとよいでしょう。また、そうした休憩をとる場合には、どこに行くのか、何をするのか、いつ戻るのかなどについて、本人と約束をしておくことが大切です。

case 24

小学校
高学年期

仲間が何かを成し遂げたとき、一緒に喜ぶことができない

クラスが勝っても喜びを分かち合えない

だいき君のクラスは、クラス対抗リレー大会で優勝しました。しかし、だいき君は自分が選手ではなかったため素直に喜ぶことができませんでした。周囲が喜んでいる様子を見れば見るほどイライラしてしまい、最後は一人で教室に戻ってしまいました。

基本行動スキル 「対人関係・集団に参加する」

チェック！
- □ 周囲の雰囲気や状況を見て行動できるか

感情抑制スキル 「感情を処理する」

チェック！
- □ 集団全体の感情を共有できるか
- □ 一緒に喜ぶことができるか
- □ 自分の感情と集団全体の感情との折り合いをつけられるか

Point ポイント 自己中心的な気持ちと行動との間にどう折り合いをつけるか

クラスとして何かを成し遂げても、一緒になって喜びを分かち合えない背景としては主に、自分は無関係なのにどうして喜ばなくてはいけないんだ、喜ぶ時間をどうしてとられなくてはいけないんだという自己中心的な気持ちが関係していると考えられます。こうした感情は、誰もがもつ可能性はありますが、同じチームという所属意識が乏しい場合、個別的な感情がさらに増幅され、みんなと楽しく喜びを分かち合うことは難しくなることでしょう。

集団全体の感情をある程度共有できるようにしていくことが一つのポイントになりますが、素直に喜べないということだけを問題視するのではなく、勝手に教室に行ってしまったことにも目を向ける必要があります。集団で喜んでいるところに、このような態度をとる子がいると、雰囲気が悪くなるからです。

Try トライ 目標をみんなで分かち合い、達成したときの楽しみを用意しておく

❶同じ目標を分かち合うことから始めましょう。目標が個々にあると、目標を達成したときに、感情を共有することはより困難になります。まずは、全体でどんな目標にするかをできるだけ具体的に決め、それを分かち合うことから始めましょう。

❷目標を達成したら、みんなで楽しめる何かを予め用意しておくと、みんなで達成した喜びを共有することに一役買うことにつながることでしょう。

❸イライラしてしまって、勝手に教室に戻ってしまうことに対しては、イライラして一人になりたいときには、先生などに一人になりたい気持ちを説明してから、落ち着くために一人になってよいかどうかの許可を求めるスキルを身につけていく支援が必要になります。

そうした約束を先生と事前に取り交わしておくとよいでしょう。

アドバイス

個々人の気持ちと集団の気持ちのバランスをとりましょう

あまりにも集団全体としての感情を共有することを強調しすぎると、子どもは反発してしまうでしょう。また、自分の気持ちを抑えつけてしまい、集団に過剰適応してしまうことも懸念されます。まずは「自分の気持ちをわかって欲しい」、「ぼくわたしはこう思っているんだけれども」といった気持ちを吐き出させ、認めることが大切でしょう。

集団の目標を達成しても素直に喜べない、あるいは、喜びたくない場合もあるでしょう。そういう場合は、周囲が喜んでいるところに、水をささないようにすればよいだけです。先生に理由を言ってその場を離れることができるようにするのもよいかもしれません。

一緒になってなんでもかんでも喜べるようにすることだけが目的にならないようにして、個々人の気持ちも大切にする必要があります。集団での感情を共有することばかりに目を奪われるのではなく、そうした個々の気持ちにも常に目を向けておくことが大切でしょう。

case 25

小学校
高学年期

人前で話すことができない

発表場面で緊張により話すことができず泣き出してしまう

夏休みのできごとについての発表会がありました。としお君は自分の順番が回ってきたのですが、人前に出ると緊張してしまい、うまく話すことができずフリーズしてしまいました。周囲の沈黙が続き、としお君はとうとう耐え切れずに泣き出してしまいました。

基本行動スキル「話す」

チェック!
- □ みんなの前で話ができるか
- □ 考えをまとめて話ができるか
- □ 適切な大きさの声で話ができるか

感情抑制スキル「感情を処理する」

チェック!
- □ 緊張や不安に対処できるか
- □ 自分の気持ちを適切に表現できるか

Point ポイント 過度の緊張や不安に対処することができず、感情が抑えきれない

人前で発表するということは、多くの人に見られることへの過敏な反応からくる緊張、話をまとめることが難しいなどの苦手な活動への不安、そして過去のそれらの経験からくるネガティブな感情を引き起こす可能性があります。この場合、緊張や不安が高まり人前で何もできない時間が続いたため、感情が抑えきれなくなり泣き出してしまったと考えられます。

緊張や不安を和らげるためには、成功経験を重ねて自信をつけることが大切です。そのために、緊張や不安がどこからくるのかを明らかにして、自分の席で発表する、考えをメモにまとめて発表するなど、スモールステップで取り組む必要があります。また、フリーズしてしまった場面から抜け出す手段を身につけることや集団内のルールを決めておくと、緊張や不安が軽減されることも考えられます。

Try トライ フリーズした場面から脱する方法を身につけさせるとともに、話すことの成功経験を重ねる

❶まず、ネガティブな経験を繰り返さないために、泣き出すまで人前に立たせて放置することは避けるべきでしょう。周囲のみんなは「早く」などと直接的な表現はしませんが、高学年にもなると無言のプレッシャーを感じるようになります。

❷誰でも緊張や不安が強いと心臓がドキドキする、手に汗をかくなどといった体の変化が起こることを教えましょう。

❸緊張や不安による体調の変化が感じられた場合、深呼吸をするなどの対処法があることを教えましょう。本人に合わせ一緒に最適な方法を考えておくことが大切です。

❹人前に出ることへの過敏な反応からくる緊張が原因と考えられる場合は、「（緊張しているので）自

分の席で発表します」などと言い出せるようにしましょう。そのために身近な大人は共感的な態度で接し、関係性を築いておくことが大切です。

❺話す内容をまとめることが苦手なための不安が原因と考えられる場合は、「あとで発表します」などと伝えられるようにしましょう。そして、発表内容について話を簡潔にまとめたメモをとらせてから、読み上げさせるようにしましょう。

❻本人の実態に合わせて発表の仕方や目標を設定し、共感的な態度で聞くことでじょうずにできたところを評価し、本人の自信につなげていきましょう。

アドバイス

緊張や不安からくる体調の変化への対処法を身につけておきましょう

緊張や不安などのネガティブな感情により体調の変化が生じた場面を一緒に振り返ってみましょう。そこでの原因を明らかにすることで、今後、フリーズしそうになったときに客観的に自分の状況を捉え、次にどうすればよいかといった対応策を想起できるようにしておきましょう。そのうえで、目を閉じて肩の力を抜き深呼吸をするなど、それぞれに合った体の強張りをほぐすための対処法を決めておくとよいでしょう。

アドバイス

スモールステップで取り組み、成功経験を重ねましょう

失敗経験を重ねてしまうと緊張や不安はさらに強まります。そこで、いきなりクラスのみんなの前で発表させるのではなく、グループ内で発表、自分の席で発表というようにハードルを下げて設定するようにしましょう。また、本人が話しやすいテーマにすることや事前にメモをとらせ発表させるなどの工夫も考えられます。聞き取りにくかったところを大人が共感的な態度で言い直すことや、インタビュー形式で必要なところを答えてもらうような支援もあるでしょう。

成功経験を重ね自信がついてきたら、少しずつハードルを上げていきましょう。適切な声の大きさで発表する、姿勢や視線といったマナーの面も課題にしていくことができます。

アドバイス

話を共感的に聞く態度で接しましょう

人前で話すことが苦手ということは、オーディエンスである周囲がストレスの原因になっていることを知っておきましょう。「聞こえない」「意味がわからない」「早くして」などと感じさせていては緊張や不安は高まるばかりです。普段の会話やグループ内の発表など、さまざまな場面を通じて共感的に話を聞く態度で接しましょう。

なお、緊張が高まりフリーズして声も出せなくなってしまった場合、挙手をするなどのサインで、自分の席にもどり、落ち着いてからあらためて発表するなどと

いった、集団内の約束を決めておくのもよいでしょう。

case 26 小学校高学年期

グループのリーダーになったが、友だちをひっぱることができない

グループの意見がまとまらず リーダーをやめると言い出す

遠足でグループ見学をすることになり、なおき君はグループのリーダーに抜擢されました。ところがグループ内で見学場所の希望が割れてしまいました。

なおき君は意見をまとめることができず、リーダーを辞めたいと言い出しました。なおき君は友だちから無責任だと責められ、とうとう遠足に行きたくないと言い出しました。

基本行動スキル 「問題を解決する」「対人関係・集団に参加する」

チェック！
- □ 話し合いで解決策が考えられるか
- □ 集団内でリーダーシップが発揮できるか

感情抑制スキル 「感情を処理する」

チェック！
- □ 慣れない、もしくは初めてのことに対する不安に対処できるか
- □ 自分の思い通りにいかなくても気持ちを切り替えられるか
- □ 自分の気持ちを適切に表現できるか

Point ポイント

慣れないことを依頼され不安になり、思い通りにならず投げ出してしまう

慣れないことや初めてのことが課せられると、過度の不安を引き起こしてしまうことがあります。これは失敗することを恐れたり、過去の失敗経験からくるネガティブな感情が思い出されたりするからだと考えられます。このタイプの人は、どうせうまくいかないからと新しいことに挑戦しなかったり、失敗するとひどく落ち込みすぐに投げ出してしまったりします。

この場合、なおき君にリーダーシップを発揮することの大変さを伝えねぎらうとともに、グループのみんなにもリーダーに協力する責任があることを伝えることが大切です。グループ内に話し合いのルールを提言し、ねばり強く話し合いを続けるよう促しましょう。

いろいろなことに挑戦する気持ちを育てるために、目標となるハードルは低めに設定し、小さなことから成功経験を積み重ねていくようにしましょう。また、失敗した原因を明らかにし一緒に解決策を考えることや、結果にいたるまでの過程でうまくできた点を評価することで、失敗してもじょうずに気持ちを切り替えられる力や次にまたやってみようと思える気持ちを育てましょう。

Try トライ

グループに協力を求めるとともに投げやりな態度を改めさせ、話し合いの手順やルールを提案する

❶まず、初めての状況に不安を感じるタイプの人に、急に話し合いのリーダーといった大役を任せ、話がこじれるまで放置することは避けるべきでしょう。

❷「話し合い」はさまざまな要素を含んだ総合的なスキルであることから、リーダーの役割の困難さをグループに伝え、協力的な態度を求める必要があります。

❸一方で、リーダーとなったなおき君に対しては、急に初めてのことをさせられた不安やうまくいかなかったことで生じたネガティブな感情に共感し、言語化してあげましょう。

❹リーダーとして話し合いを進めていくなかで、うまくいかなかった点を具体的に明らかにしていき対策を一緒に考えましょう。

❺なおき君を含むグループのメンバーに「話し合い」の手順やルールを提案しましょう。投げやりな態度と見られてしまう行動をとってしまったなおき君のケースでは、大人が補助的にグループに入り、話し合いを成立させる手助けをするのもよいでしょう。

アドバイス

日常の遊びや生活において、手順やルールを決め、話し合いなどの問題解決場面を経験させましょう

高学年にもなると同世代の仲間関係を形成し、維持してくためのスキルが身についてきます。遊びや学校生活の場で、話し合いにより物事を決めたり、解決したりする経験もある程度積んでいることが予想されます。しかし、小集団における暗黙のルールが理解しにくかったり、話し合いや問題解決に必要なスキルが身についていないため不安を感じたりする場合があります。そこで日常から、手順やルールを明確にした上で意図的に話し合いの機会を設定しましょう。

アドバイス

スモールステップで取り組み、成功経験を重ねましょう

話し合いによる物事の決定、問題解決にはさまざまな方法があります。提案された意見をもとにあみだくじやジャンケン、多数決で決める方法から、優れた点や劣っている点をあげ論理的に決めていく方法もあるでしょう。グループの実態に応じて、決定方法を提案しましょう。慣れてきたら違った方法でも話し合いが

できるようにしていきましょう。

話し合いに苦手意識をもっているメンバーに、急にリーダーを担わせることは避けましょう。話し合いの流れがわかるよう板書したり、提案の仕方や同意の仕方などを記した台詞カードを活用したりするなど、安心して話し合いに参加できるよう配慮しましょう。

アドバイス

協力的に話し合いに参加する態度を身につけましょう

話し合いは、そのルールに従うことを前提に、自分の意見をじょうずに提案するスキル、相手の意見を肯定的に受け止めるスキル、ときには妥協するなどじょうずに折り合いをつけるスキルなど、複合的で高度なスキルを必要とします。

集団遊びの経験が少なくなってきている昨今において、同世代のみで問題を解決する経験が不足していることから、じょうずに話し合いに参加できないといった困難を抱える子どもは多いと思われます。自分の意見が通ればいいといった一方的な考え方ではなく、ときには譲ることも対人関係を維持していくためには必要であることを理解させましょう。それぞれが相手を尊重し協力する態度を身につけることで、みんなが気持ちよく話し合いに参加できるようにしましょう。

case 27 小学校高学年期

下級生の振る舞いに腹を立てる

下級生が遅れたことにいらだって乱暴をはたらいてしまう

低学年児童との交流会でオリエンテーリングを行いました。かずお君は下級生の移動が遅いことに腹を立て、後ろから背中を強く押してしまいました。その結果、下級生は「もう一緒にやりたくない」と言って泣いてしまい、活動が中断してしまいました。

基本行動スキル 「対人関係・集団に参加する」「問題を解決する」

チェック！
- □ 下級生が自分と同じようにはできないことが理解できるか
- □ 下級生に対してやさしいことばで伝えられるか
- □ みんなで一緒に活動するための方法を考えられるか

感情抑制スキル 「感情を処理する」

チェック！
- □ 腹が立ったときに過敏な反応を抑えられるか
- □ 不満があるときに、自分の気持ちを適切な形で伝えられるか

Point ポイント

自分の思うように動いてくれない相手にいらだって、過敏な反応をしてしまう

　高学年になると、自分よりも小さい子どもと一緒に活動したり、リーダーシップを取ることが期待されたりするようになります。しかし、年齢や力の異なる集団で一緒に活動する際には、相手が思うように動いてくれないことにフラストレーションをためてしまうこともあります。これは、「下級生は自分と違って早いペースで移動し続けることが難しい」ということに意識がいかないからかもしれません。この場合は、年齢によって体力には差があり、相手に応じて集団活動を調整しなければならないことを説明する必要があります。
　また、そうした違いを理解していても、「早く移動してゴールしたい」という思いが強く、いらだちから乱暴な行動に出てしまうこともあるかもしれません。この場合は、自分の思いを適切な方法で伝える練習をしたり、フラストレーションがたまったときに気持ちを落ち着ける方法を身につけたりすることが必要となります。

Try トライ

集団で活動するうえでの注意点を確認し、落ち着いて集団活動に参加する

❶まず、下級生は上級生と違って、体も小さく、歩くスピードもゆっくりで疲れやすいことを具体的な例をあげながら説明しましょう。
❷下級生と一緒にオリエンテーリングを行うために作戦を立ててみましょう。遅くなったときに「背中を強く押す」のと「○○まであと少し、頑張ろう！と励ましの声をかける」のどちらがよいか考えさせるなどして、下級生へのかかわり方について、他の上級生と一緒に確認できるとよいでしょう。下級生が疲れてきたら少し荷物を持ってあげるなどの作戦もあるかもしれません。作戦通りに実行できた場合に

は、しっかりほめて、下級生にやさしく伝えられたことを成功体験として積み重ねていけるようにしましょう。

❸早くゴールしたいという思いが強く、どうしてもイライラしてしまうときには、どうすれば落ち着くことができるか相談しましょう。ゆっくり10まで数えてみる、イライラのレベルが5段階中の4段階まできたときには、下級生の対応をチームメイトに任せて少し離れる、いったん一人で止まってお茶を飲んでから合流するなど、本人に合った方法で、なおかつ活動中に実行可能な方法を考えましょう。なるべく事前に相談しておけるとよいでしょう。

アドバイス

本人だけに伝えるのではなく、まわりの上級生にも一緒に伝えてみましょう

自分にだけ言われると、自分はうまくできていないのだというネガティブな情報として受け止めてしまい、より受け入れにくくなってしまうこともあります。下級生にやさしくかかわるにはどうすればよいか、ほかの上級生にも一緒に伝えていけるとよいでしょう。その際、○○してはいけないという否定的な形ではなく、○○するのが格好いいという肯定的な形で伝えることで、自ら行動を調整しようとする意欲が湧いてくるかもしれません。また、ほかの上級生のかかわりがほめられるのを見て、自分もやってみようという意識が生まれることもあるでしょう。

アドバイス

どうしても気持ちの調整が難しいときには、活動をアレンジしてみましょう

オリエンテーリングは、基本的にはすべてのポイントをまわり、早くゴールしたチームが勝ちとなるゲームです。人によっては、「早くゴールしたいのにチームメイトがゆっくり歩いている。自分はもっと早く行けるのに……」というのはどうしてもがまんならない

ことかもしれません。

その場合は、時間は問わずすべてのポイントをまわったチームを表彰する、各ポイントにクイズを設置して正答数を競うなど、活動内容をアレンジしてもよいかもしれません。「早くまわりたい！」という自分の思いを抑えつつ、ゲームの他の側面を楽しめるようになることで、ゆくゆくは一般的なオリエンテーリングにも落ち着いて参加できるようになるでしょう。

最初からハードルを高くして失敗経験を積ませるのではなく、少しずつ参加しやすい設定から始めてみるというのも一つの手立てとして考えられます。

case 28 小学校高学年期

他者からの評価と自己評価との違いを認めることができない

うまく描けたと思った絵を友だちから認められずに怒ってしまう

けいご君は、図工の時間に自分が描いた絵を紹介し、うまく描けたところについて発表しました。

ところが、周囲から「何を描いたのかわからない」「色が実際のものと違う」と指摘されてしまい、腹を立てたけいご君は途中で発表を止めてしまいました。

基本行動スキル「主張する」「問題を解決する」

チェック！
- □ 自分の思いをていねいな言い方で主張することができるか
- □ 自分と他者の意見の相違を認めることができるか

感情抑制スキル「感情を処理する」

チェック！
- □ 否定的な意見を言われたときに怒りや不安に対処することができるか
- □ 自分の気持ちを適切に表現することができるか

Point ポイント

予想と違う否定的な評価を受けて、怒ってしまう

高学年になると、子ども同士で意見交換をする機会も増えてきます。その中では否定的な意見を受けることもあります。自己評価と他者からの評価が異なるときには、相手の意見を受け止めたり、あるいは受け流したりすることが難しく、かっとなって怒ってしまう子どもがいます。

誰にとっても否定的な意見に対処することは簡単なことではありませんが、特に激しい反応をしてしまう場合には、自分と友だちではものの見方が異なるということに気付きにくかったり、自分と異なる意見を認めること自体が難しかったりする子どももいるかもしれません。また、否定的なことを言われたときに、混乱することなく、適切な形で表現したり、自分の気持ちを切り替えたりするスキルも必要になります。

Try トライ

自分の気持ちを落ち着け、適切な形で表現するためのスキルや場をつくる

❶否定的な意見を言われることは誰にとっても受け止めにくいことです。自分と他者の視点の違いを受け入れにくい子どもにとってはなおさらです。互いの作品に対して質問し合う、一番良いと思ったところを伝え合うといったように、発表の際のルールを設定し、まずは否定的でない意見交換の中で自他の意見の相違を認め合う経験を積むとよいかもしれません。自分とは異なる他者の視点に気づき、他者からの評価を受け止める練習にもなるでしょう。

❷腹を立てても、そこで混乱せずに気持ちを落ち着け直すことも必要です。一つの手段として、自分自身に言い聞かせることば（マジックワード）をもっておくことが有効です。10まで数える、「だいじょうぶ、だいじょうぶ」と言い聞かせるなど、気持ち

の急な変化を抑えたり、自分を励ましたりすることばを、より負荷の低い場面で練習しておくとよいでしょう。そうしたことばをもつことで、事例のような場面にも応用することができます。

❸否定的なことを言われて、怒りや不安を覚えるのは自然なことです。がまんするだけでなく、それを適切な形で表現することはとても重要です。トラブルの現場で自分の気持ちを言語化するのが難しい様子であれば、「そんな風に言われるとくやしいよね。けいご君は○○を描いて、ここを頑張ったんだよね」というように、共感しつつ気持ちを切り替えられるようなことばをかけるとよいかもしれません。また、発表のあとにけいご君の気持ちを共感的に聴く場面があるとよいでしょう。自分の気持ちを素直に出すことができる、そしてそれを受け止めてくれる場があるということが、自分自身で気持ちを調整する力にもつながります。

アドバイス

普段からうまく気持ちを切り替えるための練習をしておきましょう

否定的なことを言われると、その場面で混乱してしまうだけでなく、もう少し長期的な影響を与えることもあります。たとえば、発表場面自体が嫌いになってしまったり、相手との関係が悪くなったり、自己評価を下げてしまうかもしれません。

しかし、子ども同士で活動しているとそうした場面を完全に避けることはできません。事例のような場面でうまく気持ちを切り替えるために、「まあいっか」などのマジックワードを普段から練習しておくとよいでしょう。また、音楽を聴く、トランポリンをするなど、ストレスを発散させて気持ちを切り替えられる活動を増やしておくことも大切です。

case 29
小学校
高学年期

他者の怒りや悲しみに自発的に対応できない

ペットを亡くした友だちに心ないことばをかけてしまう

　大事にしていた犬が死んでしまった友だちに、「犬は人間より寿命が短いからしょうがない」と声をかけ、まわりの友だちから「ひどい！」と非難されてしまいました。
　本当のことを言ったのに責められたことが納得いかず、「死ぬのが悲しいのなら最初から犬を飼うな！」と怒鳴ってしまいました。

基本行動スキル「関係を維持したり、より良い関係にする」

チェック！
- □ 相手の気持ちを考え、適切なことばをかけることができるか
- □ 自分が言ったことに対して「ごめんなさい」を言うことができるか

感情抑制スキル「感情を処理する」

チェック！
- □ 相手の表情の違いに気づき、悲しい気持ちを理解することができるか
- □ 責められた理由を理解することができるか
- □ 怒りそうになったとき、怒りを抑えることができるか

Point ポイント 相手の気持ちを考えてことばをかけることができない

相手の気持ちを考えて適切なことばをかけることができない背景には、①場の雰囲気や相手の考えが理解できない ②相手の気持ちに気づかずに自分の気持ちをストレートに表現している ③相手の気持ちに合わせたことばの使い方がわからないなどが考えられます。

相手の気持ちを考えずに自分の思ったことをそのまま言ってしまうと、相手を傷つけたり周囲の人から非難されたりして関係が悪化してしまうかもしれません。自分の発言が相手にどう受け取られるかを理解できるよう伝えていきましょう。

相手の気持ちに合わせた行動をするためには、まず相手の気持ちに気づくことが必要です。表情から感情に気づく、状況から相手の気持ちを推測するといった練習をしていけるといいでしょう。また、適切なことばの使い方がわからない場合には、相手の視点に立って考えることを促していきましょう。

Try トライ 相手の気持ちに気づき、適切なことばを選ぶ練習をする

❶トラブルになったとき、相手がどんな表情をしていたかどんな気持ちでいたか一緒に考えてみましょう。

❷相手に言ってしまったことばを振り返りましょう。自分が言われたらどう思うか考えるよう促しましょう。事実を言うことが必ずしも正しいのではなく、相手の気持ちに寄り添って発言することの大切さを伝えます。

❸相手がどのように思うかを伝えましょう。相手の気持ちに気づくとともに、なぜ責められたのか納得できるような説明が必要です。

❹悲しい気持ちでいる友だちに何と声をかけたらよいか一緒に考えましょう。

❺不適切なことを言ってしまったときにきちんと謝ることができるよう練習することも必要です。

アドバイス

相手の気持ちを意識してことばをかけてみましょう

日頃から相手の気持ちに着目することを意識しましょう。「今どんな気持ちだと思う?」と相手の気持ちに目を向けるような声がけをし、適切なことばを一緒に考えてあげましょう。また、相手がどのように思うか明確に伝えましょう。その際、悲しい顔や怒った顔などの表情が描かれたカードを示すとより理解しやすいでしょう。事例のように不適切なことを言ってしまったときには、きちんと謝ることも大切です。怒りの感情を抑えて「ごめんなさい」と言えるよう練習していきましょう。

case 30

小学校
高学年期

相手に感謝の気持ちを表現することが難しい

祖父母からもらったプレゼントに文句を言ってしまう

ひろと君は誕生日プレゼントにゲームが欲しいと祖父母にリクエストをしていましたが、予想に反して本が贈られました。「本は欲しくない」と祖父母に言ってしまい、そのことで両親から怒られました。「本当のことを言って何が悪いんだ！」と怒りをあらわにし、もらった本を窓から投げ捨ててしまいました。

基本行動スキル 「関係を維持したり、より良い関係にする」

チェック！
- □ 自分の思いと違っていても受け入れることができるか
- □「ありがとう」など、お礼のことばを言うことができるか
- □ 自分が言ったことに対して「ごめんなさい」など謝罪のことばを言うことができるか

感情抑制スキル 「感情を処理する」

チェック！
- □ 相手の気持ちを理解することができるか
- □ 自分の中で対話し、適切な行動を選ぶことができるか
- □「ありがとう」ということばと合わせて嬉しい表情ができるか

Point ポイント

状況に合わせてお礼を言うことができない

親切なことをしてくれた相手に対して、お礼を言えない背景には、①相手の気持ちに気づかずに、自分の気持ちをストレートに表現している　②お礼を示すスキルを知らない、使うことに慣れていない　③お礼を言わなければならない場面だという認識ができていない　④恥ずかしくて言えないなどが考えられます。場面例では、ひろと君は自分の思いをうまく抑えることができず不適切なことばを言ってしまいました。

適切にお礼を言えるようになるためには、お礼を言うべき状況を理解し、さらに「ありがとう」を伝える練習をしていく必要があります。そこで、「ありがとう」とお礼を言うことが人間関係を維持していくために大切であることや、どのような場面でお礼を言うべきかについてわかりやすく説明し、適切にお礼を言えるように練習をしていきましょう。

Try トライ

相手の気持ちを理解し、感謝の気持ちを伝える

❶「ありがとう」を伝えられなかったときの状況を確認し、自分の行動を振り返るよう促しましょう。

❷なぜそのような行動をとってしまったのか、本人の言い分をじっくり聞いてあげましょう。

❸相手の気持ちを一緒に考えてみましょう。ときには自分の思いを抑えてがまんすることが必要であることも伝えてあげましょう。

❹親切にしてもらったらお礼を言う必要があることを教えましょう。

❺「ありがとう」とお礼を言うことができたら、まわりの人は「どういたしまして」と笑顔で応えるようにしましょう。

❻どんな場面で「ありがとう」を伝える必要があるか一緒に考えてみましょう。

アドバイス

お礼の場面を考え、実際に使ってみましょう

日頃からどんな状況でお礼のことばが使われているか着目してみましょう。そのなかで、相手から親切にされたらお礼を言う必要があることを理解させ、ときには自分の思いと違っても受け入れることが大切であると伝えていきましょう。

他者から親切にしてもらったときにお礼を言えない場合は、「何か言うことあるよね?」と合図を送ってあげましょう。

「ありがとう」とお礼を言ったあとには、とにかくまわりの人は笑顔で喜んでいる様子をみせ、「どういたしまして」などの返事をするようにしましょう。仮に相手から「どういたしまして」と言われなかった場合には、あとでまわりの大人が「よくお礼を言えたね」などと、お礼を言うことで本人も心地良い経験を積めるようにしましょう。

case 31
中学生期

ストレスをうまく解消することが苦手

些細なきっかけで激怒し、友だちのことを蹴ってしまう

中学生のこうき君は、特に体調が悪いわけでもないのに、些細なことでイライラしたり落ち込んだりします。周囲の友だちや先生も「どうしたの？」と心配をしてくれますが、自分でもその原因がわからずに悩んでいました。

ある朝、母親から成績のことを言われイライラしていたこうき君は、学校で友だちの鞄が自分の背中にあたったことに激怒し、友だちを力まかせに蹴ってしまいました。

基本行動スキル「問題を解決する」

チェック！
- □ ストレスの原因を一緒に考えることができるか
- □ 自分なりのストレス発散方法を見つけられるか
- □ ストレスの程度に気づくことができるか

感情抑制スキル「感情を処理する」

チェック！
- □ 自分の感情を把握することができるか
- □ 怒りや不安を適切に対処することができるか

Point ポイント

ストレスを解消する方法をもたないために、あるとき一気に爆発してしまう

今回のこうき君の場合、「母の叱責」という直接的なストレスの原因がありましたが、常日頃から適度にストレスを発散していれば、あるいは家から学校に登校するまでの時間に怒りの感情を適切に処理することができていれば、些細なきっかけで衝動的な行動をとってしまうことはなかったかもしれません。

思春期には理由もなくイライラしたり、落ち込んだりすることがあります。それらを一過性のこととして捉え、適切な対応を怠っていると自己肯定感の低下などの二次障害を引き起こすきっかけとなりかねません。そこで、この時期重要となるのは、自分が今どれくらいストレスを感じているかについて把握できること、さらに適切なストレスの発散方法を獲得することです。

Try トライ

ストレスの程度に目を向け、適切な発散方法を身につける

❶今自分にどれくらいのストレスがかかっているかについて推測することは、大人にとっても簡単なことではありません。しかし、ストレスは「眠れない」「気分がすぐれない」などの体の変化を通して、目に見える形で現れることがあります。そのような体の変化を手がかりに「今はストレスがかかっている」と本人が捉えることができるよう、大人と一緒に考えましょう。

❷次に、ストレス発散の方法です。日頃からできる発散の方法としては「音楽を聞く」「運動をする」「絵を描く」など、本人が無心になってできることを探します。ただし、発達障害のある人の場合、はじめは楽しくて始めたことでも、毎日やらなければならない義務のようにそれを捉えてしまうこともあるでしょう。そのため、周囲の大人が本人にとって

本当にストレス発散になっているかどうか、継続的に見ていく必要があります。

❸日頃からストレスをうまく解消することができていれば、些細なことをきっかけとして感情が爆発することは減っていきます。しかし、緊急時（一時的に過度なストレスがかかる状況）に有効な発散の方法も同時に獲得していく必要があります。たとえば、「深呼吸をする」「その場から離れる」「『大丈夫』と言い聞かせる」などです。

❹生きていくうえで、ストレスをまったく感じなくなることはありません。そのため、本人と普段から話し合う機会を設けましょう。

ここで重要なのは「普段から」という点です。話し合うことにはそれ自体にストレス発散の効果があります。しかし、思春期特有の難しさから親と何でも話し合える関係を築くことがスムーズにいかないこともあるでしょう。そこで、話し合える相手を親に限定せず、学校や塾の先生、友だち、祖母祖父など本人の周囲にいる多様な資源を活用しましょう。

アドバイス 怒りや不安を5段階で整理してみましょう

怒りや不安といったネガティブな感情をコントロールすることは、さまざまな経験を積んでいる大人にとっても困難なことです。

そのため、怒りや不安を感じた場面を本人から聞き取り、それらのできごとを話し合いながら5段階（たとえば、［段階5］相手を叩いたり蹴ったりしてしまう、［段階4］泣き出してしまう、［段階3］大声で叫んでしまう、［段階2］相手に暴言を吐いてしまう、［段階1］少しイラッと感じる）で整理してみると、自分自身の感情に対する気づきを促す一助となるかもしれません。

case 32 中学生期

常に緊張していてピリピリしてしまう

何かにつけてイライラしており周囲の生徒に距離をとられてしまう

　中学生のなつ子さんは、いつも眉間に皺を寄せ、イライラしています。細かなことにこだわりを示し、意にそぐわないことがあると、まわりの生徒に八つ当たりすることもあります。

基本行動スキル 「見通しをつける」「お願いをする」

チェック！
- □ 事前に計画をうまく立てることができるか
- □ 他者にうまくサポートしてもらうことができるか

感情抑制スキル 「感情に気づく」「感情を処理する」

チェック！
- □ 自分の感情をモニターすることができるか
- □ その場で生じた気持ちをうまく鎮めることができるか
- □ イライラした際の対処方法をもっているか

Point ポイント

イライラの背景に潜む不安や特性による困り感を、自覚することが難しい

本人は、もともと生真面目な性格かもしれません。いつも、「しっかり」「ちゃんと」「正確に」というキーワードが頭から離れず、気になったことしか考えられなくなっている状況です。そのため、常に緊張感をもっており、周囲との摩擦を生んでしまいます。また、自分のやり方を貫き通さないと不安になってしまうといった、こだわりの強さがネガティブな感情を誘発している可能性も推測されます。

また、不安である自分に気づかないときに、周囲の生徒に対して感情をぶつけてしまうことがあると考えられます。こうしたケースでは、まず自分の感情をモニターすることを視野に入れて課題達成に向けた計画を立てることが、不安を軽減することにつながる大事なポイントになるでしょう。

Try トライ

生徒が不安になる前後で対応を工夫する

❶周囲の大人が「いつもよりピリピリしている」「そわそわし始めた」という、生徒の予兆となる行動に気づいたときは、「まずは深呼吸してみよう」「順番に行えば必ず終えることができる」と声をかけるのもよいでしょう。

❷課題は優先順位を考え、できることから手をつけていくための計画を生徒とともに組むことは、不安を軽減するために効果的だと言えます。環境面では、刺激を減らしシンプルな構造を提供することも、気持ちを整理するにはよいでしょう。

アドバイス

自分の感情に気づくことから始めましょう

まずは、難しいことよりも簡単なことを優先して課

題に取り組んでみましょう。そして、落ち着いていられるときの状況を確認し、少しでもその状況が揺らぐときは、その場から離れて深呼吸をするなど気分転換をしましょう。

また、「しっかりしなくては」という思考に気づいたときは、「大丈夫。課題は着実にできている」と自分を認めてあげましょう。

アドバイス

事前に大人と約束して対処しましょう

自分の感情に気づくことが難しい場合、周囲の大人に観察してもらい、その場から離れるように指示を出してもらいましょう。こうした約束を事前にしておくことによって、周囲の生徒にイライラを爆発させずに良好な関係を維持することができるでしょう。

case 33

中学生期

困った状況にもかかわらず助けを求めることができない

車内で知らない人に話しかけられ、どうしたらいいかわからない

中学生の女子ゆきほさんは、まわりの人になかなか「助け」を求めることができません。忘れ物をしたときなども、「貸して」とその一言が言えずに悩んでいます。

ある日の放課後、家に帰るために電車に乗っていると、見知らぬ男性が「名前は？　今何歳？　どこに住んでいるの？」などと話しかけてきました。ゆきほさんは何と言えばいいのかわからずに困ってしまい、ただうつむいて黙っています。

基本行動スキル 「問題を解決する」

チェック！
- □ 自分がよく困る状況について考えることができるか
- □ 困ったときに効果的な相手に対して助けを求めることができるか

感情抑制スキル 「感情を処理する」

チェック！
- □ 不安に対処できるか
- □ 自分の気持ちを適切に表現できるか

Point ポイント 恥ずかしさから助けを求めることができない

普段から身近な人に対して「助け」を求めることが苦手なゆきほさんにとって、車内での一場面は相当困惑したことでしょう。そもそも、「助け」を求めることができないことの背景には、①自分が困っていることに気づかない　②困っていることはわかるが誰に何と言って助けを求めればいいのかわからない　③自分が困っているということを周囲の人に悟られたくなくて、「助け」を求めることができない場合が考えられます。

①、②に関しては具体的な場面を想定した練習の積み重ねが有効ですが、③に関しては本人の考え方を少し変えていく必要があります。「助けを求めること」＝「自分が困っている、できないことを周囲に伝えること」という図式を変え、「困っていること、できないこと」は「恥ずかしい」ことではなく、誰にでもあることであり、明確に周囲に表明してよいことなのだと繰り返し伝えることが大切でしょう。

Try トライ 学校や家庭での練習から始め、社会的な場面へと広げていく

❶「助け」を求める場合、本人にとって心理的な距離が近い人ほど「助け」を求めやすく、遠い人ほど求めにくいという傾向があります。しかし、仲の良い友だちだからこそ自分の弱い部分を知られたくないなどの思いから、思春期以降は先程の傾向が必ずしも当てはまるわけではありません。また一対一の場面では気軽に「助け」を求めることができるのに、集団の中で一人だけ「助け」を求めるのは困難であるというように集団の圧力も影響してきます。

そこで、まずは学校や家庭において自分が困ることの多い状況（場面例の場合では、忘れ物をするという状況が多くありそうですね）について整理しま

しょう。さらに、それぞれの場合、誰に何と言って「助け」を求めることが望ましいのかを一緒に考えましょう。たとえば、消しゴムを忘れた場合は、①授業中に、普段からよく話す隣の席のBさんに対し、「消しゴム忘れちゃたんだけど貸してくれない？」と言う　②休み時間に、先生のところに行き、「消しゴムを忘れてしまったので、貸してください」と言う、など「誰に」「いつ」「どのように」という観点から具体的に考えましょう。

❷また、今回の場面例のように学校や家庭でもない場面での状況についても想定し、電車の車内では近くにいる大人、駅では駅員さん、スーパーでは店員さんなど、具体的に「助け」を求める相手を考えておくとよいでしょう。また、社会的な場面では自分の携帯電話から保護者に連絡（電話あるいはメール）し、保護者に「助け」を求める練習をしておくのも有効でしょう。

アドバイス

相互に依存的な関係づくりを目指しましょう

人によっては恥ずかしさなどから「助け」をどうしても求めることができないこともあります。そのようなときは、周囲の人が本人が困っていることに気づいてあげ、「どうしたの？」と手を差し伸べてあげることも大切です。

また、意図的に本人に対して周囲が助けを求める機会を設定することにより、相手も自分を頼ってくれるなら自分も相手を頼ってみようと思えるようになるのではないでしょうか。助ける／助けられるという関係が一方向にならないようにするのも、本人の「助け」を求めることに対するハードルを下げる一助となるはずです。

case 34
中学生期

過去の体験がよみがえり感情が混乱してしまった

過去のできごとが思い出され、パニックになってしまった

中学生のたけし君は、体育が苦手です。最近運動会の練習が続き、元気がありません。そんなある日の帰りのホームルーム中、たけし君は隣の席のひろあき君に向かって、「お前がいけないんだ」と大声で泣きながら訴えました。ひろあき君はまったく心当たりがなくあぜんとしています。クラスが騒然となったので、担任の先生が保健室に連れていきました。養護教諭が、たけし君が落ち着いてから話を聞くと、小学生のときに、ひろあき君に「お前が長縄がへただからすぐに止まるんだ」と言われたことがあって、それがイヤだったと説明してくれました。

基本行動スキル 「問題を解決する」「表現する」

チェック!
- □ 現状で嫌なこと、つらい気持ちにあることを確認できるか
- □ 自分のつらい気持ちをやさしいことばで表現することができるか
- □ つらい気持ちを他者に伝えること、説明することができるか

感情抑制スキル 「感情を処理する」

チェック!
- □ 自分に「トラウマ」があることを自覚できるか
- □「トラウマ」を自覚して、自分が落ち着くための手段をもっているか
- □ 自分の「トラウマ」について不快さを適切に表現できるか

Point ポイント

トラウマになることを思い出したときに感情を処理することができない

高機能自閉症やアスペルガー症候群などの高機能広汎性発達障害のある人は、過去のネガティブなできごとを急に思い出してしまい、いわゆるパニックになることがあります。また、「友だちから見下された」など、その原因が明確なときもあります。いわゆる「トラウマ」の感情をコントロールするためには、不快な状態になったときに落ち着くための手段を身につけて、使うことができるようにすることが大切です。また、自分の不快な気持ちを学校の先生に説明すること、友だちにやさしいことば遣いで伝えることができることも重要です。

Try トライ

パニックを抑える手段を身につけ、実際の場面で使えるよううする

❶本人の「トラウマ」になってしまったできごとを図に示すなどして視覚的に振り返ってみましょう。
❷本人がとった言動が正しいかどうか一緒に考えてみましょう。
❸本人の言い分に傾聴しましょう。また、共感することが大切です。
❹落ち着くための手段（たとえば、担任の先生に保健室に行くことを伝える）を考えましょう。
❺もし実際に「トラウマ」の場面にあったら、約束した手段を伝えましょう。行動に移すことができたらほめることを忘れないようにしましょう。

アドバイス　心を視覚化してみましょう

感情の高揚を自覚するために、落ち着いているときに「どのような場面で、嫌な気持ちになるか」をイメージできるよう心の状態の変化を図式化して理解を進めましょう。

アドバイス　約束できたことをほめましょう

もし「トラウマ」から急にパニックになってしまった場合には、個室などに移動させて、無理強いすることなく、むやみに声がけをせずに、クールダウンできるまで、そっとしておいてあげることも大切です。その場合、本人にどこに行き、いつ戻るのか約束ができるようにすることが大切です。

case 35
中学生期

相手が怒っているときに適切に応対できない

思ったことをそのまま言うことで、他者を傷つけてしまった

中学生のじろう君は、相手が気にすること・嫌なことでも、自分の思ったままに言動に出してしまうことがあります。そのためクラスメイトから反感を買うことがあります。けれど、じろう君は相手がなぜ怒っているのか理解が困難です。

ある日、小学校からの同級生である背があまり高くない女子生徒Bさんに対して、「相変わらずお前はチビだな」と言って、Bさんを泣かせてしまいました。

基本行動スキル 「謝罪する」

チェック！
- □ 相手に謝ることができるか
- □ 自分が気をつけることを相手に伝えることができるか
- □ 実際に謝る練習をすることができるか

感情抑制スキル 「感情を処理する」

チェック！
- □「ごめんなさい・すみません」と謝ることができるか
- □「何か悪い言い方をした？」と相手に尋ねることができるか
- □ 相手を怒らせることが減るように取り組むことができるか

Point ポイント 自分の意思とは関係なく、謝る必要があることを理解できない

自分が悪いことをするつもりはなかったとしても、結果として相手を怒らせてしまったときには、謝ることが求められるスキルになります。特に中学生には、異性との関係はとてもナイーブな問題となってくるので、まずは相手に対して謝る姿勢がとても大切です。

Try トライ 相手の状況を理解させ、実際に謝る練習をする

❶なぜBさんが泣いてしまったのか、ていねいに説明しましょう。

❷自分がとった言動が正しいかどうか一緒に考えてみましょう。

❸どこがいけなかったかリストアップして、箇条書きにしてまとめましょう。

❹実際に女性の先生などを練習相手にして謝る練習をしましょう。

❺実際の言動でほめられたことをメモしておきましょう。

アドバイス ゆっくりと説明しましょう

相手がなぜ泣いてしまったのか本人がわかることが必要になります。誰にでも嫌な気持ちになったり、泣きたくなることがあることをゆっくりとていねいに説明することが大切です。とりわけ中学生ともなると、異性に対しては使ってはいけないことばいわゆる「NGワード」があることを伝えましょう。

アドバイス 相手が喜んだ場面をほめて増やしていきましょう

反対に、本人が思いがけず友だちに対する言動で、

喜ばれたことばや行動があったら、箇条書きにして増やしていく習慣をつけましょう。本人にとって充実した生活を送るための一番の手がかりとなります。

アドバイス

落ち着いたあとに出来事の整理をしてみましょう

互いに怒りの気持ちが高揚している場合には、その場では無理強いせず、まずクールダウンすることを心がけましょう。本人が落ち着いたタイミングで、どこがいけなかったかを整理して説明しましょう。

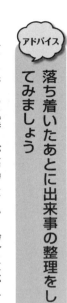

case 36
中学生期

過去にあった不快な経験を繰り返し訴える

消えないマラソン大会の記憶

まさと君は運動が苦手です。その中でもマラソンは大の苦手。まさと君には小学生のとき、マラソン大会を休みたかったのに、先生が家まで迎えに来て無理矢理参加させられたという記憶があります。中学生になった今でも、突然周囲の人に「あのときは本当にイヤだった」「休もうと思っていたのに無理矢理連れ出された」と話します。周囲の人は何度も何度も同じ話をするので、どうすればいいのか困ってしまいます。

基本行動スキル「問題を解決する」

チェック!
- □ 物事が起きたそのときに、不快な気持ちを伝えたり説明したりすることができるか

感情抑制スキル「感情を処理する」

チェック!
- □ 不快な記憶をじょうずに処理することができるか
- □ ストレスマネジメントを身につけているか

Point ポイント
不快な記憶をじょうずに処理することができない

過去にあった不快な経験を繰り返し訴えてしまう背景には、これまでに傷ついた経験やつまずいた経験など不快な記憶が、本人の中に根強く残っているということが考えられます。うまく処理ができていないため、何度も同じ話をしてしまうのです。自分なりのストレスマネジメントを身につけるとよいでしょう。たとえば、深呼吸をする、自分の好きなことや楽しいことを考える、目をつぶって10秒数えるなど、自分がやりやすいものを選びましょう。最初はじょうずにできないこともあるので、周囲の人が「深呼吸してごらん」「10秒一緒に数えてからにしよう」などと声をかけてあげることも有効です。

Try トライ
問題が起きたときに対処する力を高める

❶自分がイヤだった経験について整理をしてみましょう。何が、どうしてイヤだったのか考え、状況や理由を整理をしてみましょう。

❷もしまた同じようなことが起きたときにはどうしたらいいか考えてみましょう。

❸相手がいる場合には、どのようにしたら気持ちが伝わるか考えてみましょう。ただ「イヤだ」というのではなく、どうしてイヤなのか理由をつけることができるといいでしょう。

❹自分の中での処理の仕方を考えましょう。自分にあったストレスマネジメントを身につけておけると便利なので、練習しましょう。

アドバイス
気持ちを伝える練習をしましょう

自分の気持ちを日頃から伝えたり説明したりする練習をしておきましょう。気持ちだけでなく、経緯や理由など言えると相手に伝わりやすくなります。必ず、なぜ、どうしてをつけるようにしましょう。また毎日3行程度の日記を書くことも内省力を高めることにつながります。

アドバイス
共感的に話を聞きすぎないようにしましょう

同じ訴えを何度も何度もされると、周囲の人はどのように接したらいいのかわからなくなってしまいます。不快な経験を何度も訴えてくる場合、否定はしないけれど、共感的に話を聞きすぎないということが重要です。共感してしまうと、本人にとってその経験が心地よくなり余計に何度も同じ訴えをするからです。

軽くうなずく程度にとどめましょう。

case 37
中学生期

お金の無駄遣いが多い

マンガが大好きでつい買ってしまう

こはるさんはマンガが大好きで、本屋やコンビニで新しいマンガを見かけるとすぐに欲しくなってしまいます。家にはマンガがたくさんあり、１回しか読んでいないものも多いのですが、つい買ってしまうのでどんどん増えてしまいます。計画的に買うことができないので、すぐに月々のお小遣いはなくなってしまいますが、母親と買い物へ行くときにおねだりしたり、祖父母の家へ遊びに行ったときにお小遣いを無心したりしています。

基本行動スキル「計画を立てる」

チェック！

□ 物事に対して見通しをもって計画することができるか

感情抑制スキル「感情を処理する」

チェック！

□ あと先考えずに衝動的に行動してしまう

Point ポイント

衝動的に行動してしまう

欲しいものがあると、見通しをもたずに欲しいだけ買ってしまうということは衝動性が高いと言えるでしょう。買う前に相談や計画させるといった約束事を決めておく必要があるでしょう。

また、金銭感覚が身についていないため、お金の価値がよくわかっていないということも考えられます。お小遣いは月々にいくらとしっかりと決め、それ以外は渡さないようにしましょう。お金が足りなくなると家のお金を勝手に持ち出したり、クレジットカードを使ってしまったりということも考えられるので、家の人がしっかりとお金の管理をすることも大切です。

Try トライ

計画的に行動させる

❶月々のお小遣いの額を家の人と決め、その範囲内で今月は何を買うのか計画を立てましょう。欲しいものはいくらなのか、今手元にいくらあるのか、事前に確認しておきましょう。

❷1000円以上のものを買う場合には、必ず家の人に相談してからにしましょう。また、どうしてそれが欲しいのか説明しましょう。

❸お小遣い帳をつけることを習慣にしましょう。最初は家の人と一緒につけて、つけ方を身につけましょう。

アドバイス

お金に関する環境を整えましょう

お小遣い制にしていても、買い物について行ったら買ってもらえる、祖父母におねだりをすればもらえるという環境では、お金の使い方はルーズになってしまいます。簡単にお金が手に入らないような環境にするように家族で話し合って決めましょう。家のお金やクレジットカードが無造作に置かれていませんか？　持ち出せないところにしっかりと保管するようにしましょう。

スマートフォンやパソコンからインターネットで通信販売サイトを使うことも考えられるので、フィルターなどをかけて、子どもがアクセスできないようにしておくのも一つの方法です。

case 38

中学生期

感情の起伏が激しい

間違いを指摘されると怒り出す

えいさく君は体育の授業でバスケットボールをしていました。決められた場所からボールをシュートする練習をしていましたが、えいさく君は場所を勘違いをして、みんなと違う場所からシュートをしていました。それを見たお友だちから「違うよ」と指摘され、カッとなって「何だよ」と怒ってしまいました。

基本行動スキル「質問する」「問題を解決する」

チェック！

- □ 相手の指摘を聞けるかどうか
- □ どこが違うのか質問できるかどうか
- □ どうすればよいか考えることができるか

感情抑制スキル「感情を処理する」

チェック！

- □ 怒りそうになったときに、自分の気持ちに気づくことができるか
- □ 怒りそうになったときに、落ち着くための手段をもっているか
- □ 自分の気持ちを切り替えることができるか

Point ポイント

相手のことばを否定的に解釈し、怒りの感情につながってしまう

えいさく君は、相手の「違うよ」ということばで自分が否定されたと思い、すぐに怒りの感情がわきあがっています。怒りの感情をコントロールするためには、自分の中でわき起こる気持ちや考えに気づき、相手に対して怒ること以外に解決のための方法はあるかを考えることができるかが重要です。また、相手がどのような気持ちで指摘をしたかということも考えてみましょう。

Try トライ

自分の感情に気づき、自分の感情の扱い方を考える

❶自分が怒ってしまったときの状況を振り返り、自分のそのときの気持ちを整理しましょう。

❷「怒りの気持ち」がどのくらいわき起こったかを数字で表すなど、自分の気持ちの度合いを考えてみましょう。

❸「怒りの気持ち」がなぜわき起こったのか考えてみましょう。相手が使っていた「違うよ」ということばは、必ずしも自分のことを否定しているとは限りません。相手の親切な気持ちによって、このことばが使われることもあるということを確認しましょう。

❹「怒りの気持ち」のときの体の感覚を考えてみましょう。「頭が熱くなる感じ」など自分でわかる場合、体と気持ちがラクになる方法（頭の熱さを外に出すイメージをしながら、息を深く吸って吐き出す、など）を見つけましょう。

アドバイス

自分の気持ちに気づきましょう

怒りという感情の中でも、どのくらいの怒りかということは、そのときの状況や自分の考えによって変わってきます。日常生活の場面で怒りがわき起こった

ときは、怒りの度合いを数字など具体的に自分で把握してみましょう。また、怒り以外の気持ちはあるかどうかについても考えてみましょう。

アドバイス

自分の気持ちに気づいたら、落ち着くための方法を試してみましょう

実際に落ち着くための方法を試して、どのくらい不快な気持ちがさがったかどうかを数値で把握してみましょう。

Chapter 3 中学生期

case 39

中学生期

自分から話すことが少なく、質問に答えるのみ

緊張して何を話せばよいかわからなくなる

じゅんさんは学校の教室でまだあまりしゃべったことのない女の子と隣の席になりました。

ある日、「ねぇ、昨日の○○（テレビのドラマ）見た？」と話しかけられましたが、突然話しかけられたので緊張して頭が真っ白になりました。じゅんさんは「うん」と返事だけをして、そのまま下を向いてしまいました。

基本行動スキル　「相手にも聞き返す」「自分の意見を言う」「相手の考えや気持ちを聞く」

チェック！

- □ 返事だけでなく、「○○さんは？」と質問を返すことができるか
- □ 「私は△△だと思った」など、自分の意見を言えるかどうか
- □ 「○○さんはどう思う？」など、相手の考えや気持ちを聞くことができるか

感情抑制スキル　「緊張を自覚し、気持ちを落ちつかせる」

チェック！

- □ 緊張して真っ白になりそうになったときに、緊張を和らげることができるか
- □ 気持ちを落ち着けるための手段をもっているか
- □ 自分が緊張してしまうことを、“それでもよい”と思えるか

Point ポイント

とっさに話しかけられると緊張してしまって、何を言えばよいかわからない

自分から話すことが少なく、質問に答えるのみになってしまう背景には、とっさに相手に向かってことばで表現することが求められたときに緊張が高まってしまうことが関係しています。緊張した場合には、その緊張を和らげる方法を身につけ、それを実際に使えるようにしなければなりません。また、相手への聞き返し方や、自分の意見の言い方などを身につけることも大切です。

Try トライ

緊張を和らげる方法を身につけ、実際の場面で使えるようにする

❶緊張してしまった場面を振り返り、なぜその場面で緊張したか、自分の考えや気持ちを整理してみましょう。

❷話すことに自信のなさがある場合、どのように自信をつけていけるかを考えてみましょう。

❸緊張したときに和らげるための方法（こぶしを軽く握って力を抜く、など）を教えましょう。

❹もし実際に緊張してしまっても、また次の機会があります。緊張したことを否定的に受け止めるのではなく、「うまく話したいという思いが強かった」「また挑戦してみよう」と前向きに捉えましょう。

アドバイス

緊張したときのための解決策を用意しておきましょう

日頃から質問の仕方、自分の意見の言い方のレパートリーをつくっておきましょう。緊張したときの状況をイメージしながら、頭の中で自分がどんなことをことばにできるかいくつか考えましょう。体が緊張して

固まってしまう場合、こぶしを軽く握って力を抜くなど、力を抜いてリラックスできるようにしましょう。

アドバイス 実際に練習しましょう

「うまく話したい」と言う思いが強いと、誰でも緊張します。これからも関係が続く相手のほうが緊張する場合は、まずは自分の好きなお店の店員さんなどに話しかける練習してみましょう。また、自分と共通の趣味をもつ相手と話してみることから始めるのもよいかもしれません。

case 40
中学生期

人の話を聞かず、自分の話ばかりをする

話し出すと止まらなくなってしまう

中学生のしんや君は、話し出すと止まらなくなり、友だちが返事を返そうにも返せない場面がしばしばあります。場の空気を読むことが苦手であるために、クラスメイトからは嫌がられることがあります。

ある日、クラスメイトが楽しそうにテレビ番組の話をしていると、しんや君が話に割って入ってきたため、その中の一人が「お前は入ってくるなよ」と言うと、しんや君は「なんでぼくの話を聞いてくれないの」と怒ってしまいました。

基本行動スキル 「人の話を聞く」

チェック!
- □ まず謝罪として、相手に謝ることができるか
- □ 自分が気をつけることを相手に伝えることができるか
- □ 実際に謝る練習をすることができるか

感情抑制スキル 「感情を処理する」

チェック!
- □「ごめんなさい・すみません」と謝ることができるか
- □「何か悪い言い方をした?」と相手に尋ねることができるか
- □ 相手を怒らせることが減るように取り組むことができるか

Point ポイント

自分の話をする順番を知る

私たちが想像している以上に、「じょうずに会話をする」ということは、「何の話題にするかを聞く」「話す順番を考える」「相手の話を聞く」「自分の話をするタイミングをつかむ」「自分の考えを適度に伝えて終える」という、高度なスキルが求められます。そのため自分の話題を切り出すタイミングを具体的に知る経験を積むことが大切となります。

Try トライ

まず2人で会話の練習をする

❶2人で何の話題にするかテーマを確認します。
❷話題を切り出すタイミングを確認し合う。
❸具体的に返答できる質問をするようにします。
❹短い会話のやりとりで、成功体験を積み重ねることを大切にしましょう。

アドバイス

相手とのやりとりを増やしていきましょう

2人での成功体験をもとに、数人での会話ができるようにしていきましょう。はじめは、お手本となる先生が加わって、会話の順番やルールを知ることから始めましょう。また、テーマを設定し、話す順番を決めるなどして、自分の話すタイミングを知ることも有効でしょう。

アドバイス

会話はことばだけではないことも知りましょう

一度話を始めてしまうと止まらない背景には、本人は話をすることだけが友だちとのコミュニケーションだと勘違いしていることも考えられます。相手が話していることに相づちを打つことや、「そうそう」など共感の動作やことばも重要なコミュニケーションであることを伝えましょう。

case 41
高校生・青年・成人期

失敗の報告ができない

お皿を割ったことを先生に伝えられない

飲食店でのアルバイトの際、磨いていたお皿を割ってしまいました。決してわざとではないのに……。どうしよう。上司に報告しようか、でも怒られるかなぁ……。机の下に隠して、次のお皿を磨こう……。

基本行動スキル 「報告する」「事実を伝える」「謝罪する」

チェック!
- □ 起こったことを正直に話せるか
- □ すぐに報告できるか
- □ 謝る姿勢を表すことができるか
- □ 改善策を考えたり、受け入れることができるか

感情抑制スキル 「感情を処理する」

チェック!
- □ 不安を増幅させないでいられるか
- □ 不安を軽減することができるか

Point ポイント 過剰な不安と失敗の解決方法を理解する

失敗は理解しているけど、隠してしまう。失敗を報告することによる結果を予測して不安に感じてしまうことが原因だと考えられます。その不安は、「怒られるのでは」「この仕事から外されるのでは」といった心配でしょうか。その感情は、もしかしたら今までどこかで経験したことから発生しているかもしれません。故意ではない失敗について報告したら、きつい叱責を受けたことがあったのかもしれません。そのときの感情から過剰な心配をして、同様の結果が生じることを予測して報告を避けていると考えられます。不安の要因を探ることが解決の一つの方法につながるでしょう。

また、時間が経つ（報告が遅くなる）につれ、不安が増幅したり、問題が大きくなってしまうことも考えられます。なかなか言い出せず、頭の中で不安だけが大きくなって言い出すタイミングがつかめず……。解決の見通しがもてないことが報告を遅らせる原因となると考えられます。解決方法の理解と見通しをもてることにより、実際の行動に結びつけられると思います。

Try トライ 解決の見通しをもつ

❶解決の見通しをもてるようにしましょう
失敗→報告→改善→解決の流れを説明をしたり、図示したりして、失敗とその結果に対する不安・心配を軽減しましょう。解決の過程を理解することにより、解決の見通しがもて、失敗の結果が回復不可能ではないことを知り、解決行動の第一歩となります。

❷報告の仕方、タイミングを覚えましょう
失敗を報告するときのタイミング、報告の内容や言い方を知りましょう。

●報告のタイミングは

①すぐに報告すること。できるだけすばやく報告することがポイントであることを理解させます。

②報告する相手を判断する。仕事を頼まれた相手はもちろん、その相手が近くにいない、他の対応をしているなどのときには、近くにいる先生や上司に報告するということも「すぐの報告」に結びつくことを理解します。

●報告の内容は

①事実を伝える。失敗してしまったことを隠さずに伝えます。

②状況を伝える。いつ、どこで、どのように起こってしまったのかを伝えます。

③謝罪の気持ちを伝える。失敗してしまったことについて、仕事の流れが止まってしまったこと、何らかの不足が生じてしまったことに対しては、「すみませんでした」と謝罪の気持ちを伝えましょう。

④改善点や次回への留意点を伝える。「次は気をつけます」「○○に注意します」

⑤改善点や注意点がわからなかったら相談する。次の仕事で同様の失敗をしないためにも、改善点がわからない場合には、相談や質問をしましょう。「どのようにすれば割れないでしょうか」「どこに気をつければよいでしょうか」

❸実際に経験してみましょう。

❶、❷について身近な支援者と練習をしてみましょう。実際に行うことで、見通しが実感できたり、ことばの使い方が理解できたりします。解決できたという自信がつくでしょう。経験実際に失敗してしまったときにもこの練習を思い出して、同じように行動することで解決できるという安心につながります。

アドバイス

解決行動が少しでもとれたら、すかさずほめましょう

失敗を隠すのではなく、報告すれば、早く解決するという経験が極度の不安を和らげることにつながります。不安の度合いを見ながら、長い目でその行動の定着を見守っていくことが重要です。同様のできごとの中でちょっとしたことでも改善が見られた場合には、すぐにその方法をほめ、その結果、解決が図られたというその行動の意味と賞賛を合わせて行うと自信になり、次の良い行動に結びつくでしょう。

また、報告を他者のせいにしたり、言い訳にならないように報告の内容やことばづかいにも留意が必要です。普段の生活から気をつけていきましょう。

case 42
高校生・青年・成人期

仕事や用事の優先順位をつけられない

仕事が間に合わない…

なかなか仕事が終わらない……。決められた期日までに間に合わない。つとむさんは仕事をがんばろうという気持ちはあるのですが、なかなかうまくいきません。上司や同僚からは、「もう少しはやく仕事をしてくれる？」と言われてしまいました。

基本行動スキル 「問題を解決する」「問題を重要な順に並べる」

チェック！
- □ 仕事の順番を決めることができるか
- □ スケジュールを守ることができるか
- □ スケジュールの進み具合をチェックすることができるか。チェックしてもらうことができるか
- □ 計画を状況に応じて柔軟に変更することができるか

感情抑制スキル 「感情を処理する」

チェック！
- □ 目標のために当面のことを少しがまんできるか
- □ 焦りやこだわりなどの自分の気持ちをコントロールできるか

Point ポイント 仕事の計画と取り組みと見直し

仕事をしていると、複数の「やらなければいけないこと」が同時に舞い込んでくることがあります。そんなとき、何から手をつけてよいのかわからず、期限までに仕事を終えることができないということになってしまう人もいるようです。

その理由として

①仕事の優先順位が決められない

②決められた計画通りに遂行することができない

③自分なりの仕事のやり方にこだわってしまう

④仕事の遅れに対して修正や変更がむずかしい

などが複数の要因が考えられます。仕事をスムーズに進めるうえでどの部分でつまづいているのかを把握することが解決につながるでしょう。

Try トライ 順番を考えてから取り組んでみる

❶順番を考える

お客様や取引先、上司や同僚などへの納期や期限などの緊急度や重要度を考えながら順番を決めていきます。その日や週の計画を立てるときに、この順番に気をつけてみましょう。もちろんメモやシートに書くことが大切です。一人では難しい場合、はじめは上司と相談しながら計画を作成したり、自分が立てたスケジュールをチェックしてもらいましょう。

❷決められた計画に沿って仕事をします

計画が書かれたメモやシートを机の上や壁に貼ってそれを見ながら進めていきましょう。終わった仕事は☑をつけていくと達成感も味わえますね。そのメモやシートを上司に見てもらうことも大切です。

また、他の仕事が気になったり、突然の仕事が舞い込んだときには、❶の順位づけを考えてみたり、判断に迷うときにはすぐに上司に相談しましょう。

❸ときどき仕事のやりかたを見直してみましょう

計画通りに進んでいるときはいいのですが、遅れがちになっているときには、自分の仕事のやり方を見直してみましょう。思わぬところで時間がかかりすぎていることもあります。また、自分が重要だと思っている部分が、上司から見たらそうでもないことありますので、仕事の完成の度合いを確認したり、仕事のやり方を上司に見てもらうことも大切です。

❹予定通りに進まなかったら

思わぬところで時間がかかり、予定通りに仕事が進まないときには、計画を見直してみます。2番目に取り組む予定だった仕事を1番目にもってくるなど計画の変更も考えてみます。また、予定通りに進んでいないことがわかったら、上司にすぐに報告し、計画の変更を相談します。

アドバイス

一緒に計画を作成してみましょう

計画の作成について、一緒に考えたり、優先順位を判断しやすいような情報を示してみましょう。優先順位が決められない場合、何が「優先」なのか、何が「重要」なのかを本人が判断できにくい場合もあります。仕事に付随する期限や相手先の情報、経験値をふまえた必要時間などを一緒に提示することで優先順位が判断しやすくなります。

アドバイス

計画の進捗状況を把握しましょう

立てた計画がその通りに進んでいるかについては、はじめのうちはこまめな報告の機会を設定するなどして把握できるようにし、スムーズに進んでいるようであれば、報告の間隔をあけていくとよいでしょう。

アドバイス

計画を振り返ってみましょう

仕事が計画通りにできた場合、その良かった点やそれぞれにかかった時間などを振り返ります。逆に予定通りいかなかった場合、どの部分で遅れが生じたのかを一緒に振り返り、次回への改善点を確認することも大切になります。

case 43

高校生・青年・成人期

適切に忠告することができず他者を責めてしまう

予想しなかったトラブルが起こり、相手を責めてしまった

ともやさんは、見たかった DVD をレンタルしましが、ディスクの不具合のために途中で映像が乱れて見られなくなってしまいました。ともやさんはすぐにレンタル DVD ショップに電話し、「不良品じゃないか！　すぐに来てください！」と怒鳴りつけました。電話のむこうの店員は何を言われているのかわからず、用件が何かを聞いていましたが、興奮したともやさんはひたすら「ありえない！　どうしてくれるんだ！」と繰り返すばかりで、店員は困ってしまいました。

基本行動スキル「主張する」

チェック！
- □ 起こったできごと（事実）を冷静に述べられるか
- □ できごとに対して感じた自分の気持ちを伝えられるか
- □ 相手にして欲しいこと、自分が求めることを提案できるか

感情抑制スキル「感情を処理する」

チェック！
- □ 自分の気持ちをコントロールできるか
- □ 自分の気持ちを適切に表現できるか

Point ポイント 起きた事実と自分の気持ち、要望を整理して落ち着いて伝える

自分にとって好ましくない理不尽なできごとが起きると、だれでも内心むっとしたり、こんなはずではなかったと嫌な気持ちになったりすることでしょう。ただ、その不快感や怒りを、相手にそのまま攻撃的な態度で表してしまうと、相手に思いがうまく伝わらず、むしろトラブルになってしまうことがあります。一方で、自分の思いを飲み込み、何も言わずにがまんしても、問題は解決せず不快な気持ちは残ってしまいます。

相手に非があるように思われる場合でも、それを一方的に責めるのではなく、起きたできごとを伝え、それを自分はどのように感じているか、またそのことに対してどのような対応を要求したいのかを整理して伝えることができると、相手にとっても受け入れやすく、「では、このように対処します。」と解決指向型の話し合いがしやすくなります。

Try トライ 事実を正確に伝え、自分がどう感じたのか、どうして欲しいのかを述べる

❶トラブルが起きてすぐは、混乱して気持ちが高ぶっている状態であることが多いので、すぐ行動に移すのではなく、まずは深呼吸して気持ちを落ち着けましょう。家族に起きたできごとを話すなど、いったん時間をおいて冷静になってから、とるべき行動を考えるようにしましょう。

❷起こったできごと（事実）を具体的に述べましょう。自分のとった行動や起きたことを、時系列に沿って相手にわかりやすく説明します。もし話すときに混乱してしまいそうだったら、事実を順番に箇条書きにしてメモし、それを見ながら説明するとよいでしょう。

❸できごとに対する自分の感情を伝えましょう。このとき、相手を批判したり、感情にまかせて乱暴なこ

とばを使ったりしないように注意しましょう。正当な訴えであっても、伝え方が乱暴でけんか腰だと、クレームととられてしまう可能性もあります。それよりは、そのできごとが起きてどう感じたのか（残念だった、がっかりした、腹立たしいなど）、それによりどのような不利益を被ったのか（必要なときに使えなかった、時間をロスしたなど）を冷静に伝えるほうが相手に気持ちが伝わりやすくなります。

❹自分が望むこと、相手にやって欲しい対応を提案しましょう。この件に対してどのような結果になれば自分が納得するのかを具体的に提示します。そうすることで相手も何を求めているのかが理解でき、解決に向かう話し合いがしやすくなります。

❺提案が受け入れられたときの自分の気持ちを伝えましょう。このときに、「当然（あなたは）そうするべきだ」という相手を主語にした伝え方ではなく、「そうしてくれると（私は）うれしい」といったような、自分を主語にした伝え方をすることで、自分の要求を相手に押し付けることなく思いを伝えることができます。

アドバイス

相手と自分の主張の妥協点を見つけましょう

相手が自分の要求をすべて受け入れるとは限りません。自分が望んでいない反応を相手が返す場合もあります。相手がどう受け取り、どう対応するかはあなたが操作したり、変えさせたりすることができるものではありません。相手の主張と自分の主張の妥協点を探り、折り合いをつけることも大切です。

case 44
高校生・青年・成人期

興奮したときに大声で話していることに気がつかない

電車の中に響きわたる大きな声で、自分の考えをまくし立ててしまう

じゅんぺいさんは、電車の中で友人と昨日ニュースで見た大きな事故について話していました。最初は小さな声で話していましたが、話しているうちに加害者に対する怒りを感じ、どんどん声が大きくなっていきました。同じ車両の人がちらちらとじゅんぺいさんの様子を見たり、友人も「シーッ」と小さく声をかけますが、それにも気づかず電車の中に響きわたる大きな声で自分の考えをまくし立てています。

基本行動スキル「対人関係・集団に参加する」

チェック！
- □ まわりの状況や雰囲気を見て行動できるか

感情抑制スキル「感情を処理する」

チェック！
- □ 自分の気持ちをコントロールできるか
- □ 相手の表情の違いに気づけるか
- □ 他者の視点に立てるか

Point《ポイント》 自分の感情や興奮状態に気づき、状況に合わせて行動を調整する

自分が興奮していること、それにより声のトーンや口調が高揚していることに気づけないと、話し方を調整することは困難です。また、コントロールする方法を知り身につけることも必要です。特に公共の場や静かにしていることがマナーとされている場で、感情のままに大きな声を出したり、まくし立ててしゃべったりするなど、マイペースに振る舞うことは周囲の人の迷惑になってしまいます。

まずは自分が日頃どのような場面や話題で興奮したり、感情が激しく揺さぶられたりするのかを振り返り、理解しておく必要があるでしょう。（周囲の人も、本人が自己理解を深めるために働きかけていくとよいでしょう。）そのような場面や話題に直面したときには、自分でコントロールがきかなくなる前に対処することが必要です。深呼吸や10カウント、その場から離れるなど、自分でできるコントロール方法を身につけて使うことができるとよいですね。

Try《トライ》 口調や話し方がどんなふうか、自己モニタリングをしてみる

❶話している最中に、自分の口調や声の大きさがどんな風かを観察してみましょう。興奮して夢中でしゃべっているときには、どんな話題や場面で興奮しやすいのか、自分の傾向を覚えておくとよいでしょう。

また、自分がどんなときに興奮しやすいか、興奮するとどんな風になるかを家族や身近な人に聞いてみることも、自分の特徴を理解するのに役立ちます。

❷自分が話しているときに、相手の表情や態度、相槌に注意を向けてみましょう。相手が関心をもって話を聞いているときには笑顔が出たり、表情の変化が豊かになったり、相槌や問いかけがなされたりしま

す。そうした様子が見られず、相手の表情が困っているようだったり、反応が少なく自分ばかり話していたりするような状態なら、興奮して話しすぎている状態かもしれません。少し話すのを止めて気持ちを落ち着けてみるとよいでしょう。

❸気持ちを落ち着ける方法をいくつか試してみて、実際の場面で思い出して使えると役に立ちます。練習するときには、これまで興奮を感じた場面を思い出しながら行います。

❹興奮すると声が大きくなってしまうという自覚がある人は、あらかじめ相手に「いつも声が大きいと言われるのですが、もし気になったら遠慮なくおっしゃってください」と言っておくことも一つの方法です。それにより、相手が指摘してくれたときに気づくことができます。

アドバイス

状況に応じた声の大きさを知りましょう

どのような場面でも常に声のボリュームを絞って冷静に話さなくてはならないというわけではなく、親しい間柄の人と過ごす場面や、ちょっとくだけた集まりなどでは、ある程度興奮して話しても許容される場合があります。一方で、公共の場や静かにするというマナーを守るべき場で大きな声で話すのは迷惑になり、ルール違反です。

このように、社会ではその場の状況に応じたふさわしい声の大きさがあります。「この場面ではどのような振る舞いがふさわしいか」を事前に調べたり人に聞いておくとよいでしょう。

case 45
高校生・青年・成人期

上司からの指摘を受け入れられない

仕事のミスを認め、謝ることができない

ゆきこさんは仕事でミスをした際に、上司から指摘や注意をされると、「ちゃんと言われた通りにやっているのに何がいけないんだ」とイライラしてしまい、素直に受け入れることができません。

また、上司に対して「そんなに言うならご自分でやったらいいじゃないですか」と言い、余計に怒らせてしまいました。

基本行動スキル「関係を維持する」

チェック！
- □ 自分の間違いを認められるか
- □ 相手の考えを理解して受け入れられるか
- □ 実際に指摘されたことを行動に移せるか

感情抑制スキル「感情を処理する」

チェック！
- □ 他者の視点に立てるか
- □ 自分の気持ちを適切に表現できるか

Point ポイント

指摘の理由を理解し、気持ちをうまく表現する

仕事での過ちは誰にでもあることですが、それを受け入れられないことは、職場での対人関係の悪化にもつながります。他者からの指摘を受け入れられない要因として、①自分の間違いに気づいていない　②自分の間違いに気づいているが、それを認めることができない　③自分の間違いに気づき認めているが、気持ちの表現がうまくできないことが考えられます。自分のミスがわからない・認められない場合には、なぜ自分が指摘されているのかについて、会社や仕事のルールを見直す必要があるでしょう（周囲の人は、どこが間違っているのか、それによってどのような不利益が生じているのかについて具体的に説明しましょう）。また、指摘されたことが納得できず、怒りを感じてしまった場合には、それが相手に伝わらないように、冷静に反応しなければなりません。

Try トライ

なぜ指摘されているのか理由を考える

❶「承知しました」などの指摘を受け入れることばや、「申し訳ありません」「すみません」といった間違いに対する謝罪のことばを述べましょう。

❷なぜ指摘をされたのか、相手はどのような意図で指摘をしたのかについて考えましょう。また、指摘を受け入れずに改善しなかった場合の結果を考えてみるのもよいでしょう。

❸指摘を受けて改善しようと思った点を言いましょう。小さなことでかまいません。自分が実現できそうだと思ったことを話しましょう。

❹もし指摘に納得がいかない場合は、指摘を受け入れたうえで自分の意見を言いましょう。「○○とおっしゃっていますが、私はこう思います」のように、指摘された内容を述べたあとで自分の意見を説明すると、相手に伝わりやすくなります。

アドバイス

受け入れた指摘を実行しましょう

指摘を受け入れるだけではなく、それを実行することが大切です。再度同じ指摘を受けないために、注意されたことはメモに書いて見える場所に貼るなど、意識できるような工夫をするとよいでしょう。

また、指摘を受けやすい状況や仕事の内容についてまとめておき、そのような状況になりそうな場面では一層注意深く確認するなどの心がけも必要です。

case 46
高校生・青年・成人期

面接での質問にうまく答えられない

緊張でうまく話せず、自己嫌悪に陥ってしまう

ともこさんは就職活動の面接で緊張して頭が真っ白になり、うまく話すことができず固まってしまいました。何か話さばければならないと思うほど焦ってしまい、声が震え、支離滅裂な返答をしてしまいます。面接が終わったあとはいつも自己嫌悪に陥り、次の面接でもうまく話せなかったらどうしようという不安に襲われてしまいます。

基本行動スキル「話す」

チェック!
- □ 何を話すか理解したうえで話せるか
- □ 声の大きさのコントロールができるか
- □ わからない場合や答えにくい場合に「わかりません」という意思表示ができるか

感情抑制スキル「感情を処理する」

チェック!
- □ 不安に対処できるか
- □ うまくできなかった原因を考えられるか
- □ 次に向けた解決策を考えられるか

Point ポイント 不安を対処するスキルが身についていない

青年期では、進学や就職にあたり、面接をする機会が増えるでしょう。通常の会話はうまくできるにもかかわらず、面接になると問われた内容に応じて適切な返答ができなかったり、頭が真っ白になってしまったりする場合には、①自分が話したい内容をうまく整理することができない ②それまで経験や、「失敗してしまったらどうしよう」という不安から声が小さくなったり震えたりしてしまう、などの理由が考えられます。

前者の場合には、あらかじめ自分が話したい内容や質問されると考えられる内容について準備しておく必要があります。また、後者の場合は、家族や友人といった親密な他者と面接の練習をすることで、成功体験を積み、自分の考えを話すことへの抵抗感を和らげ、面接に対する苦手意識を軽減することが大切です。

Try トライ 問題点と解決策を考えて事前に練習しておく

❶面接において特にどのような質問を苦手としているか、その時の声の大きさや視線はどうだったかなど、面接での苦手な部分や問題点について振り返ってみましょう。

❷問題がどのように改善されればよい結果になるか考えましょう。合わせてそのためにどのような工夫をするとよいか考える必要があります。

❸緊張した際に落ち着くための手段や、面接前に緊張を緩和する方法を考えておきましょう。たとえば、深呼吸をする、「大丈夫」と心の中で唱える、肩や首のストレッチをするなどがあげられます。

❹質問に対する回答を事前に準備しておきましょう。質問内容は場や相手によって異なりますが、主張したい内容やキーワードを前もって考えておき、面接中にそのキーワードを思い出し、そこから文章を組

み立てていくことが有効です。進学や就職活動の面接における「志望動機」や「自己ＰＲ」などの一般的な質問については、あらかじめ文章を作成し、暗記しておくことも必要でしょう。また、面接が近づいてきたら、家族や友人など、身近な他者に面接官役をしてもらい、さまざまなシチュエーションを想定して練習しておきましょう。その際、表情や話すスピード、声の大小、視線、内容が適切かどうかなどについて評価してもらうとよいでしょう。

アドバイス

落ち着いて正直に対応しましょう

練習などの事前準備をしていても、いざ面接となると予想外のできごとが起こるものです。面接中に質問を聞き逃してしまったり、何を質問されたか忘れてしまったりすることがあるかもしれません。そのような場合でも「もうダメだ」と思うことなく、落ち着いて、緊張していて質問の内容を忘れてしまったこと、もう一度質問内容を繰り返して欲しいことを正直に伝えましょう。

case 47

青年・成人期

新しい仕事を頼むと嫌がる

新しい仕事を拒否してしまう

こうじさんは、就職して２年目。仕事にも職場環境にも、ずいぶん慣れてきました。上司は、こうじさんにそろそろ新しい仕事も任せたいと思っています。しかし、上司が新しい仕事について話をもちかけると、こうじさんはあからさまにイヤな顔をし、引き受けようとしません。そのようなことが繰り返され、新しい仕事はいつも他の同僚が引き受けることになり、同僚の不満も高まっています。こうじさんの態度に、上司も同僚も皆困っていました。

基本行動スキル 「質問する」「主張する」「お願いする」「対人関係・集団に参加する」

チェック！

- □ 経験したことのないこと、わからないことに関して質問することができるか
- □ 自分のできる範囲・できない範囲を主張し、できないところは助けを求めることができるか
- □ 集団の一員であることを自覚し、協調性をもって仕事に取り組むことができるか

感情抑制スキル 「感情を処理する」

チェック！

- □ 過敏な反応を抑えられるか
- □ 不安をコントロールできるか

Point ポイント

どんなことをするんだろう?と不安になっている可能性大

新しい仕事に抵抗を抱く理由として、〝イメージできないことによる漠然とした不安〟があることが考えられます。仕事内容を具体的に伝えるなどしてイメージができると、「自分にもできそうだな」と思え、新しい仕事にも取りかかりやすくなるかもしれません。

Try トライ

お互いの思いこみを一度、隅に置いてみる

❶支援者ができることとしては、小さなことから頼み、できたら少しのことでもしっかりほめましょう。

本人が取り組みやすい小さなところからまずは任せてみましょう。そして、できたところはしっかりとことばにして賞賛しましょう。まわりにとっては「できて当たり前」と思えることでも、本人はとても苦労している可能性があります。

❷また、以前経験したことがあるものと、似ているところや違うところを具体的に伝えましょう。

経験したことがあることは、本人にとって取りかかりやすいものです。それが自分のできることであればなおさらです。あるところまで経験したことと似ていれば、積極的に本人へ伝えましょう。そのことが安心材料になり、経験したことのない部分も少しは取り組みやすくなると思われます。

❸本人ができることとして、まずはわからないことはわからないままでも、とりあえず聞いてみましょう。

何をどう聞いていいのかわからない、自分が何をわかっていないのかもわからないときには、そのことをそのまま上司や同僚に伝えてみましょう。一人でモヤモヤしているよりも、何か良いヒントが得られるかもしれません。忙しそうだから声をかけにくいな……と気が引けるときには、「お忙しいところ、すみません」などの、相手を気遣っていることがわ

かるようなことばを最初に添えると、相手も悪い気はしないでしょう。

アドバイス

いつでも相談できる雰囲気をつくりましょう

いつもまわりの人がピリピリとしていると、普段はもちろんのこと、肝心なときにもなかなか相談ができないものです。相談してよいと本人が感じられるような、ゆったりとした雰囲気をつくることが大切です。また、まわりの人たちが相談に乗ったり、乗られたりすることで、本人に良いモデルを示す機会となるでしょう。

case 48 青年・成人期

失敗を隠したり、ごまかそうとする

失敗したことを言えずに隠してしまう

こずえさんは、仕事で失敗をしたとき、正直に上司や同僚に報告することができず、事態を悪化させてしまうことがよくあります。

先日は、上司から頼まれていた書類を取引先に郵送することを忘れ、家に持ち帰ったままにしてしまいました。すると、1週間後、取引先から「締切までに書類が届いていない！」とクレームが来て、上司から「頼んだ書類はどうしたんだ？」と問い詰められました。こずえさんは本当のことが言えずに、「すぐにポストに投函しました」と嘘をついてしまいました。

基本行動スキル 「関係を維持したり、良い関係にしたりする」

チェック！

- □ 謝罪できるか
- □ ごまかす・隠すことのリスクを把握することができるか
- □ 事実を的確に伝えることができるか

感情抑制スキル 「感情を処理する」

チェック！

- □ 気持ちの高ぶりを自覚できるか
- □ 落ち着かせる方法をあらかじめ決めておく

Point
ポイント

どちらのタイプか判断することが大切

「ごまかす」、「隠す」という行動の背景を考えてみましょう。考えられる要因として、大きく分けて二つ考えられます。一つが「ごまかすことがその先に与える影響はわかっていても、衝動性を抑えられないタイプ」。もう一つは、「ごまかすことがどのような影響を与えるのか、イメージできないタイプ」です。まずは、本人がどちらのタイプなのか、探ってみることから始めましょう。

Try
トライ

それぞれのタイプに応じたアプローチが重要

❶本人（衝動性を抑えられないタイプ）ができることとして、まずは失敗がわかったときに気持ちを落ち着けるようにしましょう。

どうすれば少しでも衝動性を抑えられるか考えることが大切です。深呼吸をする、クールダウンのために場所を変える、いつでも触れられるマスコットをポケットに入れておくなど、自分に合った〝落ち着ける方法〟をもっておくと安心です。ただし、落ち着く方法が目立つことであれば、実行する際に、上司に了承を得た上で行うようにしましょう。たとえば、突然部屋から出て行ってしまうなど急に行動すると、本人にとってはクールダウンのつもりでも、そのことを知らない上司から、余計な怒りを買ってしまう可能性があります。

❷本人（イメージが難しいタイプ）と支援者が一緒にできることとして、まずは隠したりごまかしたりすることが、その後にどのような影響を与えるのか、一緒に考えてみましょう。

ごまかすことで、どのような影響があるのか、一つ一つていねいに説明する必要があります。その際、支援者である上司も、本人も、感情的になっていない状況で説明することが理想的です。悪い結果につながってしまうことを、具体的なエピソードを用いて説明したり、悪循環の構造を図式化して視覚的に示したり、伝え方の工夫をしてみるとよいかもしれません。

❸ 本人と支援者が一緒にできることとして、支援者の失敗談を話してみましょう。

些細な失敗を気にして、ごまかしてしまう場合には、支援者が自ら似たような失敗談を話し、「失敗することが悪いことではなく、ごまかすことがよくない」ことを伝えるとよいでしょう。一般論ではなく身近なエピソードのほうが印象に残りやすい場合があります。

アドバイス 支援者と一緒に考えてみましょう

衝動性を抑えられないタイプについては、ごまかすことは悪いことだとわかっている人もいるので、ただ叱責するだけでは意味がありません。一つの作業を終えたところで上司に報告するなど、常に上司と一緒に進捗状況を把握しておくと、そもそもの失敗が防げるかもしれません。ほかにも、どうしたら失敗を予防できるか、本人と支援者が一緒になって考えてみるとよいでしょう。

case 49
成人期

懇親会で羽目を外して失礼な言動をとる

上司や違う職場の人にくだけたことばで話しかける

就職して１年目のひろやさんは、初めての懇親会でたくさんの人と交流することができ、とても楽しくなりました。上司に対し「いつも堅苦しいっすよー」と言って肩を組み、会社への文句を話し始めてしまいました。別の会社の人にも「○○さんもそう思いません？」と巻き込むように話を振ってしまいます。

基本行動スキル　**「周囲の雰囲気や状況を見て行動する」**

チェック！
- □ 人の表情などからその場の雰囲気を理解することができるか
- □ 相手や状況に合ったことばを選ぶことができるか

感情抑制スキル　**「自分の気持ちを適切なことばで伝える」**

チェック！
- □ 気持ちが高ぶったときに適切に表現できるか
- □ 言われた相手の気持ちを考えることができるか

Point ポイント 気持ちが高ぶったとき、周囲の様子が見えなくなってしまう

懇親会などの和気あいあいとした場で羽目を外してしまう理由として、①まわりの雰囲気を適切に理解できず、「何を言ってもかまわない場」だと思ってしまう ②衝動性が高く、目についた人に思いついたことを話してしまう ③相手によって適切な距離やことばづかいが異なること、あるいは相手によって変える意味がわからない ④不適切なことばづかいや態度をされることで相手がどのように感じるのかわからない ⑤不適切な振る舞いが自分の評価を下げてしまうことが考えられない、などが考えられます。

ひろやさんも普段落ち着いているときは上司にていねいなことばを使うよう心がけていましたが、懇親会でとても楽しく気分が高揚した状態になり、衝動的に目についた人に対して頭に浮かんだことをそのまま口に出してしまったようです。このように気分が高揚している状態だと、自分の発言が相手をどのような気持ちにさせるのかを考えることも難しくなります。対応の仕方としては、自分で気づけるような工夫に加えて、人に協力を依頼することも考えられます。

Try トライ 気持ちの高ぶりを適切に表現したり、処理する

❶気持ちが高ぶっていることをことばにして伝えましょう。その際、相手のリアクション（表情やコメント）を見てから次のことばを考えるようにしましょう。特に懇親会など自分の会社の人だけでなくいろいろな人が集まる場では、「この発言は自分の評価を下げないか」に加え、「自分の会社の評価を下げないか」という点も検討しながらことばを選びます。

❷気持ちが高ぶってきたら、一度席を外しましょう。場所を変えて一息つくことで、冷静になることができます。その状態で、このあと戻ったときに誰と話

したいか、どんなことを話したいか、という点を整理します。整理したことを簡単にメモしておくのもよいでしょう。

❸事前に同僚などにストッパーを依頼しておきましょう。自分は気持ちが高ぶると羽目を外してしまうことがある、ということを伝えたうえで、「高ぶってきているなと感じたら肩をポンポンと叩く」など合図を決めておきましょう。合図を受け取ったら、❶や❷の方法で対応を考えます。

❹事前に「これだけはやってはいけないこと」を考えておきましょう。落ち着いているときであれば、どんなことをされたら相手は困ってしまうのか、自分の評価を下げることになってしまうのか、考えられることはいくつもあると思います。自分一人で考えることが難しい場合は、❸と同様同僚や上司に自分の特性を伝えたうえで、考える作業を手伝ってもらいましょう。

アドバイス

周囲の様子を見て、自分の振る舞いを振り返ってみましょう

自分の発言や行動を受けて、相手の人が驚いたり苦笑いしているときは危険信号です。ことば選びに不適切なものはなかったか、相手に合った距離を保てていたか、振り返ってみましょう。相手のリアクションを参考にしながら話すということは、人とのやりとりにおいてとても大切なことです。

また、普段は適切にできているのに、気持ちの高ぶりから自分の評価を下げてしまうのはもったいないことです。冷静なときに準備をしておき、自分の評価を下げるというリスクをなるべく減らしておきたいですね。

case 50 成人期

職場の決まりを守らない

勤務中に何度も携帯電話を見てしまう

　企業の一般事務として働くよしきさんは、出勤前に見たニュースが気になって仕方ありません。出勤し、仕事が始まっても何度も携帯電話を取り出し、そのニュースについてチェックをしてしまいました。

基本行動スキル　「優先順位をつける」「切り替える」

チェック！
- □ やるべきことに優先順位をつけることができるか
- □ 私的な時間と公的な時間を分けて過ごすことができるか

感情抑制スキル　「興奮を鎮める」「周りの人の気持ちに気づく」

チェック！
- □ 気になってそわそわする気持ちを抑えることができるか
- □ 周囲がよしきさんのことをよく思っていないことに気づくことができるか

仕事中に携帯電話を操作することの意味や影響がわからない

Point ポイント

よしきさんが仕事中にもかかわらず、何度も携帯電話を取り出して気になるニュースをチェックしてしまった理由として、①今やるべきことは何か？ に基づいて優先順位を決めることができない、②自分で自由に使える時間と、ルールに則って行動しなければならない時間との区別ができない、③ニュースが気になっている気持ちを抑えることができない、④仕事中に携帯電話を操作するとまわりから怠けているように見えることがわからない、といったことが考えられます。

衝動性が高い人の場合、自分の「気になる！」という気持ちがダイレクトに優先順位に表われてしまい、行動がその場で求められているものとずれてしまうことがあります。また、そのような興奮状態にあると、まわりの目や人からの評価といったことが気にならなくなってしまいます。このようなときには、自分であらかじめ決めておいた優先順位や人の目を意識して動ける状態に戻ってくるための工夫が必要となります。

気持ちを切り替えられるようにする

Try トライ

❶その日の仕事の優先順位表をつくり、目につくところに置いておきましょう。優先順位表には、項目ごとに○時までに終わらせる、という目標時間も一緒に記入しておくとよいでしょう。

❷どうしてもニュースをチェックしたくなってしまったときのために、休憩回数を決めましょう。休憩が多すぎても人から怠けているように見えてしまうので、午前に最大2回、午後に最大2回ほどがよいでしょう。あらかじめ休憩時間を何時からとるか決めておく方法と、どうしてもニュースが見たいときに休憩する方法の二つがありますが、あなたが仕事に

集中しやすい方法を選びましょう。また、休憩時間も5分間でタイマーが鳴るように設定しておくなど長くならないように工夫しましょう。

❸「自分の時間」と「仕事の時間」の違いについて考えてみましょう。また、「仕事の時間」に「自分の時間」が混じってしまうとどうでしょうか。まわりから怠けているという風に見られると、あなたへの信頼感や、仕事を任せようという気持ちが減ってしまいます。

アドバイス

声をかけてみましょう

携帯電話を触る様子が気になる、携帯電話は触っていないがボーっとしている……このようなときは、「ニュースが気になる！」という気持ちに支配され、思わず携帯電話を取り出してしまったり、ニュースのことについてあれこれ考えていることが考えられます。自分で気づき、切り替えることが難しそうな場合は、トントンと肩を叩き、「今何する時間だっけ？」あるいは、「携帯見てると目立つよ」などと声をかけて、切り替えるきっかけをつくってあげましょう。

アドバイス

ルールを明確に、視覚的に示しましょう

自分でいろいろと工夫をしてもうまく気持ちを切り替えたり集中できない場合は、上司とルールを確認し、目で見て確認できるようにしましょう。たとえば、「携帯電話は勤務中使用禁止。ロッカーにしまうこと！」と紙に書いてロッカーに貼っておく、といった具合です。勝手に自分でルールを決めたり貼り紙をしないように、きちんと上司に確認してから行いましょう。

●編著者

霜田 浩信	(群馬大学教育学部　教授)	はじめに・Chapter1-1, 2
橋本 創一	(東京学芸大学教育実践研究支援センター　教授)	Chapter1-3 ／感情抑制スキル一覧
三浦 巧也	(東京農工大学大学院工学研究院　准教授)	Chapter2-4
堂山 亞希	(目白大学人間学部　講師)	Chapter2-1
熊谷　亮	(福岡教育大学教育学部　助教)	Chapter2-2 ／基本表現スキル一覧
渡邉 貴裕	(順天堂大学スポーツ健康科学部　准教授)	Chapter2-3
尾高 邦生	(東京学芸大学附属特別支援学校　教諭)	Chapter2-5 ／トピックス
田口 禎子	(東京学芸大学教育実践研究支援センター　特命講師)	Chapter2-5

●執筆者

【幼児期】
細川かおり（千葉大学教育学部　教授）
歌代萌子（川崎市中部療育センター　心理士）
仁科いくみ（小金井市立小金井第二小学校　教諭）
浮穴寿香（三鷹市子ども発達支援センター　心理療法士）

【小学校低学年期】
枡 千晶（東京学芸大学教育実践研究支援センター　特命講師）
宮崎義成（東京都立府中けやきの森学園　教諭）
杉岡千宏（東京学芸大学教育実践研究支援センター　特命講師）
山田真幸（武蔵野東小学校　教諭）

【小学校高学年期】
五十嵐一徳（高崎健康福祉大学人間発達学部　助教）
井上　剛（東京学芸大学附属特別支援学校　教諭）
仲野真史（東京学芸大学附属特別支援学校　教諭）
菅野希倭（荒川区役所子育て支援課　心理職）

【中学生期】
齊藤大地（東京学芸大学附属特別支援学校　教諭）
川池順也（東京都立村山特別支援学校　教諭）
児玉由希子（世田谷区教育委員会 スクールカウンセラー）
根本彩紀子（どんぐり発達クリニック　心理療法士）

【高校生・青年・成人期】
久見瀬明日香（志學館大学心理相談センター　相談員）
中村奈々（よこはま若者サポートステーション　相談員）
被田野望（世田谷区教育委員会　スクールカウンセラー）

ちゃんと人とつきあいたい 2

発達障害や人間関係に悩む人のためのソーシャルスキル・トレーニング

発行日　2017 年 12 月 10 日　初版第 1 刷（3,000 部）

編著者　霜田浩信、橋本創一、三浦巧也、堂山亞希、
　　　　熊谷 亮、渡邉貴裕、尾高邦生、田口禎子

発　行　エンパワメント研究所

〒 176-0011　東京都練馬区豊玉上 2-24-1　スペース 96 内
TEL 03-3991-9600　FAX 03-3991-9634
https：//www.space96.com
e-mail：qwk01077@nifty.com

編集・制作　七七舎　　装幀　石原雅彦
印刷　シナノ印刷株式会社

ISBN978-4-907576-48-6

エンパワメント研究所の本

ご購入は▶https://www.space96.com

こんな
サポートがあれば！ 1
LD、ADHD、アスペルガー症候群、
高機能自閉症の人たち自身の声

編著：梅永雄二
価格：1,300円＋税

こんな
サポートがあれば！ 2
LD、ADHD、アスペルガー症候群、
高機能自閉症の人たち自身の声

編著：梅永雄二
価格：1,400円＋税

こんなサポートが
あれば！ 3　就労支援編
LD、ADHD、アスペルガー症候群、
高機能自閉症の人たち自身の声

編著：梅永雄二
価格：1,600円＋税

楽しく学べる
怒りと不安のマネジメント
カンジョウレンジャー
& カイケツロボ

著：齊藤佐和、小郷将太、
　　門脇絵美
編著：武藏博文
価格：2,000円＋税

発達障害者と
自動車運転
免許の取得と教習のためのQ&A

著：栗村健一、森下高博
編著：梅永雄二
価格：1,200円

自閉症支援の
最前線
さまざまなアプローチ

著：武藏博文、渡部匡隆、
　　坂井　聡、服巻　繁
編著：井上雅彦、梅永雄二
価格：1,500円

目 次